KB139977

영어로 배우는
한국어와
중국어

영어로 배우는
한국어와
중국어

최병규(Choi, Byeong-gyu) 지음

동시에 배우는 한국어와 중국어

A Small Guidebook to Learn basic
Korean and Chinese simultaneously

preface(서문)

Korean is less well known than other languages, but its population is quite large. The number of people who speak Korean is more than 80 million people in both South and North Korea, as well as people from overseas such as the United States, Japan and China. In addition, due to the current growth of the Korean economy and the trend of the Korean Wave culture, the interest of Koreans in the world is increasing. Therefore, it is our Koreans' responsibility to spread our Korean language to foreigners.

The contents of this book are composed of three parts. The first part Basic conversation I is composed of the most basic things including pronunciation and grammar etc, and the second part Basic conversation IIis for further understanding of more advanced conversation skills. Finally, the last part explains systematically the typical idioms of Korean and Chinese in English.

And the characteristic of this book is that after developing basic understanding of Korean in the first part, the next chapter provides an opportunity to learn Korean and Chinese and English simultaneously, as well as to develop advanced Korean conversation skills. In fact, Korean and Chinese belong to completely different linguistic systems and lines, but as they belong to the same East Asian language family, the two languages have significant commonalities in vocabulary and pronunciation. Therefore, though some people say that teaching or learning Korean and Chinese at the same time is a very difficult task, but through this book I, as a bilingual person of the two languages, represented an easy way for beginners to find the similarities between the two languages and master them easily. Therefore, this manual will be of a help to those who try to learn Korean and several East Asian languages at the same time.

In addition, this textbook will help Koreans learn both Chinese and English at the same time. Chinese and English not only have very similar grammar and word order but also have similar pronunciations, so learning the two languages together can have a complementary effect. Although English used in this book is only a beginner's level of basic conversation, studying with Chinese will be a great help in acquiring both language systems simultaneously.I hope this little textbook will be a boon to those who want to learn Chinese and English languages, mainly Korean.

(한국어는 다른 언어들에 비해 덜 알려져 있지만 그 사용 인구는 상당히 많은 편이다. 남북한을 합한 8000만 명의 인구는 물론 미국, 일본, 중국 등 해외에 있는 사람들을 합치면 그 사용 인구는 상당히 많은 편이다. 거기에다 현재 한국 경제의 신장과 한류 문화의 유행으로 인해 세계인들의 한국어에 대한 관심이 갈수록 높아지고 있다. 따라서 외국인들에게 어떻게 우리 한국어를 널리 보급할 것인가는 우리 한국인들의 책무라고 할 수 있다.

본 교재의 내용은 크게 세 부분으로 구성되어 있다. 기본회화1에서는 발음과 문법을 비롯한 가장 기본적이고 기초적인 내용을 가르치고, 그 다음 기본회화2에서는 좀 심화된 내용의 회화를 집중적으로 가르치는 것으로 구성되었다. 그리고 마지막 부분은 한국어와 중국어의 대표적인 관용표현들을 체계적으로 분류하여 영어로 설명하고 있다.

또 이 책의 특징이라면 첫 장에서 한국어에 대한 기본적인 이해를 바탕으로 다음 장에서는 보다 발전된 한국어 회화 실력의 배양과 더불어 한국어와 중국어및 영어를 동시에 습득할 수 있는 기회를 제공하고 있다는 점이다. 사실 한국어와 중국어는 완전히 서로 다른 언어적 체계와 계통에 속한다. 그러나 같은 동아시아 언어군에 속한 만큼 두 언어는 어휘와 발음에 있어 상당한 공통점을 지니고 있기도 하다. 따라서 혹자는 한국어와 중국어를 동시에 가르치거나 배우는 것이 현실적으로 매우 어려운 일이라고 말하기도 하지만, 두 언어에 모두 능통한 필자는 초학자들을 위해 한국어와 중국어의 유사한 점을 찾아내어 두 언어를 비교하면서 동시에 학습하는 요령을 이 책을 통해 제시한다. 따라서 한국어는 물론 동아시아의 몇 가지 언어를 동시에 학습하고자 하는 이들에게 본 교재는 작은 도움이 되리라 생각한다.

그 외에도 이 교재는 한국인들이 중국어와 영어를 동시에 습득하는데에도 도움이 될 것이다. 중국어와 영어는 문법과 어순이 매우 흡사할 뿐 아니라 발음까지도 유사하여 두 언어를 함께 학습하면 상호보완적인 효과를 거둘 수가 있다. 비록 이 책에서 사용된 영어가 초급 기본 회화일 따름이지만 중국어와 함께 공부함으로써 두 언어 체계를 자연스럽게 동시에 체득하는데 큰 도움이 될 것이다. 모쪼록 이 한 권의 작은 교재가 한국어를 중심으로 중국어와 영어를 동시에 배우고자 하는 이들에게 작은 보탬이 되길 바라는 바이다.)

Korean National Treasure No.70(AD 1446) Hunminjeongeum Hae Rye at the Gansong Museum of Art as a UNESCO World Heritage Site. It records the principles and usage of the Hangul by using Korean and Chinese characters.

(국보 70호. AD 1446. 유네스코 세계기록유산으로 서울 간송미술관에 있는 훈민정음 해례본. 이 책은 한글의 창제 원리와 사용법 등을 중국어와 한국어를 병용해 기록하고 있다.)

목 차

II. 기본 회화 1 (Basic conversation 1)

III. 기본 회화 2 (Basic conversation 2)

Ⅳ. 한국어·중국어 관용표현
(Korean·Chinese idiomatic expressions)

I

한국어의 이해
Understanding Korean language

1. 한국어 발음(korean pronunciation)

1-1. 모음(vowel)

ㅏ: 애[ah]   ㅑ: 얘[ya]   ㅓ: 어[u]   ㅕ: 여[yu]

ㅗ: 오[o]   ㅛ: 요[yo]   ㅜ: 우[oo]   ㅠ: 유[yoo]

ㅡ: 으[eu]   ㅣ: 이[i]

1-2. 자음(consonant)

ㄱ: [g]   ㄴ: [n]   ㄷ: [d]   ㄹ: [r]

ㅁ: [m]   ㅂ: [b]   ㅅ: [s], [l]

ㅇ: no sound or [ng]   ㅈ: [j]   ㅊ: [ch]

ㅋ: [k]   ㅌ: [t]   ㅍ: [p]   ㅎ: [h]

< 한국어 자모와 기본 발음(basic pronunciation of korean consonants and vowels)>

자 모	ㄱ g	ㄴ n	ㄷ d	ㄹ r,l	ㅁ m	ㅂ b	ㅅ s	ㅇ ng	ㅈ j	ㅊ ch	ㅋ k	ㅌ t	ㅍ p	ㅎ h
ㅏ ah	가 gah	나 nah	다 dah	라 rah	마 mah	바 bah	사 sah	아 ah	자 jah	차 chah	카 kah	타 tah	파 pah	하 hah
ㅑ ya	갸 gya	냐 nya	댜 dya	랴 rya	먀 mya	뱌 bya	샤 sya	야 ya	쟈 jya	챠 chya	캬 kya	탸 tya	퍄 pya	햐 hya
ㅓ eu	거 gu	너 nu	더 du	러 ru	머 mu	버 bu	서 su	어 u	저 ju	처 chu	커 ku	터 tu	퍼 pu	허 hu
ㅕ yu	겨 gyu	녀 nyu	뎌 dyu	려 ryu	며 myu	벼 byu	셔 syu	여 yu	져 jyu	쳐 chyu	켜 kyu	텨 tyu	펴 pyu	혀 hyu
ㅗ o	고 go	노 no	도 do	로 ro	모 mo	보 bo	소 so	오 o	조 jo	초 cho	코 ko	토 to	포 po	호 ho
ㅛ yo	교 gyo	뇨 nyo	됴 dyo	료 ryo	묘 myo	뵤 byo	쇼 syo	요 yo	죠 jo	쵸 chyo	쿄 kyo	툐 tyo	표 pyo	효 hyo
ㅜ oo	구 goo	누 nyoo	두 doo	루 roo	무 moo	부 boo	수 soo	우 oo	주 joo	추 choo	쿠 koo	투 too	푸 poo	후 hoo
ㅠ yoo	규 gyoo	뉴 nyoo	듀 dyoo	류 ryoo	뮤 myoo	뷰 byoo	슈 syoo	유 yoo	쥬 jyoo	츄 chyoo	큐 kyoo	튜 tyoo	퓨 pyoo	휴 hyoo
ㅡ eu	그 geu	느 neu	드 deu	르 reu	므 meu	브 beu	스 seu	으 eu	즈 jeu	츠 cheu	크 keu	트 teu	프 peu	흐 heu
ㅣ i	기 gi	니 ni	디 di	리 ri	미 mi	비 bi	시 si	이 i	지 ji	치 chi	키 ki	티 ti	피 pi	히 hi

1-3. 복모음 과 쌍자음(double vowels and consonants)

* 복모음

ㅐ: 애[ae]　　ㅒ: 얘[yae]　　ㅔ: 에[e]　　ㅖ: 예[ye]

ㅚ: 외[oe]　　ㅟ: 위[wi]　　ㅢ: 의[ui]　　ㅘ: 와[wa]

ㅝ: 워[wo]　　ㅙ: 왜[wae]　　ㅞ: 웨[we]

* 쌍자음

ㄲ: [gg]　　　　ㄸ: [dd]　　　　ㅃ: [bb]

ㅆ: [ss]　　　　ㅉ: [jj]

1-4. 한국어의 구조(structure of korean)

* V(Vowel)

아, 야, 어, 여, 오, 요, 우, 유, 으, 이

* CV(Consonant+Vowel)

가, 나, 다, 라, 마, 바, 사, 아, 자, 차, 카, 타, 파, 하

* VC(Vowel+Consonant)

악[a+k]	안[a+n]	앋[a+t]	알[a+l]
암[a+m]	압[a+p]	앗[a+t]	앙[a+ng]
앚[a+t]	앛[a+t]	앜[a+k]	앝[a+t]
앞[a+p]	앟[a+t]		

* CVC(Consonant+Vowel+Consonant)

각[k(g)+a+k]	간[k(g)+a+n]
갇[k(g)+a+t]	갈[k(g)+a+l]
감[k(g)+a+m]	갑[k(g)+a+p]
갓[k(g)+a+t]	강[k(g)+a+ng]
갖[k(g)+a+t]	갗[k(g)+a+t]
같[k(g)+a+t]	갚[k(g)+a+p]
갛[k(g)+a+t]	

1-5. 한국어 발음 연습(practice of korean pronunciation)

류	륜	윤	트	즈	저	그
너	느	서	울	거	시	지
허	혀	르	루	싸	까	짜
짤	살	쌀	애	액	얄	얍
네	넬	달	닿	락	랄	랑
벽	삭	상	색	생	강	캉
프	퍼	퍽	펑	푸	풍	덩
난	밤	밥	팝	억	엌	발
빨	딸	쏜	숫	쏙	쑥	짭
짤	값	앉	밖	젊(다)	짧(다)	얇(다)

<한국어 기본 자모(korean basic consonants and vowels)>

자음	ㄱ · ㄴ · ㄷ · ㄹ · ㅁ · ㅂ · ㅅ · ㅇ · ㅈ · ㅊ · ㅋ · ㅌ · ㅍ · ㅎ
모음	ㅏ · ㅑ · ㅓ · ㅕ · ㅗ · ㅛ · ㅜ · ㅠ · ㅡ · ㅣ

<한국어 겹자모(korean double consonants and vowels)>

자음	ㄲ · ㄳ · ㄵ · ㄶ · ㄸ · ㄺ · ㄻ · ㄼ · ㄽ · ㄾ · ㄿ · ㅀ · ㅃ · ㅄ · ㅆ · ㅉ
모음	ㅐ · ㅒ · ㅔ · ㅖ · ㅘ · ㅙ · ㅚ · ㅝ · ㅞ · ㅟ · ㅢ

중국어와의 비교(comparison with the chinese)

성모(声母)							
b	p	m	f		d	t	n	l
g	k	h			j	q	x
zh	ch	sh	r		z	c	s
y			w				

단운모(单韵母)					
a	e	i	o	u	ü

복운모(復韵母)								
ai	ei	ui	ao	ou	iu	ie	üe	(er)

전비운모(前鼻韵母)				
an	en	in	un	ün

후비운모(后鼻韵母)			
ang	eng	ing	ong

한덩어리인 소리(整体认读音节)						
zhi	chi	shi	ri	zi	ci	si
yi			wu			yu
ye			yue			yuan
yin			yun			ying

<중국어 23 성모와 한국어 발음
(chinese 23 initial consonants and Korean pronunciation)>

b	p	m	f	d	t	n	l	g	k	h	j
쁘	프	므	프ㅎ	뜨	트	느	르	끄	크	ㅎ	지
q	x	zh	ch	sh	r	z	c	s	y	w	
치	시	쯔	츠	쓰	르	즈	츠	스	이	우	

한국어 발음의 특징
(The characteristics of the pronunciation of korean)

Korean is similar to the Altaic languages such as Manchu, Mongolian, and Japanese, but is very different from Chinese. In pronunciation, Korean is close to Japanese and Mongolian, but it is relatively different from Chinese. There is no pronunciation of f, v, th, z in Korean. Especially, the final consonants(받침) which appear in Korean are not found in modern Chinese pronunciation. In Korean, the sound changes when the final consonants(받침) of the first letter meets the first consonant of the second letter. (consonant assimilation, 子音同化) When a syllable end consonant meets a consonant that comes after it, one of them resembles the other consonant, changing to a consonant or the same sound with similar properties, or the two of them resembling each other. But 70 to 80 percent of Korean is derived from Chinese characters, So you can learn Korean more easily by using Han- ja(漢字), which is the basis of Chinese. In the same way, if you use Chinese characters (漢字) in Korean well, you can learn Chinese more easily.

(한국어는 같은 알타이어 계통의 언어인 만주어, 몽골어, 일본어 등과 유사하지만, 중국어와는 매우 다르다. 발음에 있어 한국어는 일본어와 몽고어에 가까운 반면에 중국어와는 차이가 있다. 한국어에는 f, v, th, z 등의 발음이 없다. 특히 한국어에 많이 나타나는 받침(마지막 자음)은 현대 중국 표준어에는 없는 까닭으로 발음상 현대 중국어와는 많이 다르다. 또 한국어에는 앞 글자의 받침과 뒤 글자의 첫 자음이 만나면 소리가 변한다. (자음 동화) 즉 음절 끝 자음이 그 뒤에 오는 자음과 만날 때 어느 한쪽이 다른 쪽 자음을 닮아서, 그와 비슷한 성질을 가진 자음이나 같은 소리로 바뀌기도 하고, 양쪽이 서로 닮아서 두 소리가 다 바뀌기도 한다. 그러나 한국어의 70~80 퍼센트가 한자어인 까닭에 중국어의 바탕인 한자어를 잘 활용하면 한국어를 보다 쉽게 배울 수가 있다. 같은 이치로, 한국어 속의 한자어를 잘 활용하면 중국어도 비교적 손쉽게 익힐 수 있다.)

* 자음접변(consonant assimilation)

Consonant assimilation is a phenomenon that occurs when two consonants collide directly.

(자음접변(자음동화)는 쉽게 말해 두 자음이 직접 충돌될 때 일어나는 현상이다.)

ex)

국물→궁물	먹는다→멍는다
잡는다→잠는다	앞마을→암마을
맛나다→만나다	맏며느리→만며느리
빛내다→빈내다	몇리→면니
천리→철리	칼날→칼랄
금리→금니	

* 연음법칙(linking)

If the vowel follows the foot of the previous syllable, the front foot is pronounced as the first sound of the next syllable.

(모음이 자음으로 끝나는 음절과 이어질 때 앞 음절의 끝소리가 뒷 음절의 첫소리가 되는 음운현상을 말한다.)

ex)

꽃이→꼬치	옷을→오슬	먹어서→머거서
같은→가튼	걸음→거름	높이→노피
밖으로→바끄로	안팎에→안파께	있어→이써
섞이고→서끼고	깎이다→ 까끼다	

* 구개음화(palatalization)

The palatalization is a phenomenon in which 'ㄷ, ㅌ' encounters a vowel and turns into 'ㅈ, ㅊ'.

(구개음화는 'ㄷ, ㅌ'이 모음 'ㅣ'를 만나 'ㅈ, ㅊ'으로 바뀌는 현상이다.)

ex)

같이→가치   해돋이→해도지

굳이→구지   굳히다→구치다

2. 한국어 문법(korean grammar)

2-1. 한국어 기본 어순(basic korean word order)

▶ 나는 학생입니다. (I am a student.)

[나(I, 我)는 + 학생(student, 學生) + 입니다(am, 是)]

* personal pronoun and predicative(인칭 대명사와 서술어)

나(I) + 입니다(am)

당신(You) + 입니다(are)

그, 그녀, 그들, 그것
(He, She, They, It) + 입니다(is, are)

* '은(는)' is a subjective case postpositional particle(주격 조
  사), which helps the front word to be a subject. And its
  pronunciation varies with the pronunciation of the word in
  front of it. '은' comes after nouns ending in a consonant,
  and '는' comes after nouns ending in a vowel.

* '입니다(im- ni- dah)' can be widely used in korean regardless
  of the sex, number and person. Like chinese, in korean
  language there is no difference in sex, number and person.
  And its questioning form is '입니까(im- ni- gga)?'.

▶ 나는 학생입니까? (Am I a student?)

[나(I, 我)는 + 학생(student, 學生) + 입니까(am, 是)]

ex)
- 당신은 학생입니다. (You are a student.)
- 당신은 학생입니까? (Are you a student?)
- 그(그녀, 그들)는(은) 학생입니다. (He(She, They) is(is, are) a student(students).)
- 그(그녀, 그들)는(은) 학생입니까? (Is(Are) he(she, They) a student(students)?)
- 나는 XXX입니다. 그들은 한국인입니까?

▶ 나는 학생이 아닙니다. (I am not a student.)

[나는 + 학생(student, 學生)이 + 아닙니다(am not, 不是)]

* '이(가)' is a postpositional particle, which stresses the front word(noun or pronoun), and it is usually coming after a object of verb. The korean language system like japanese and mongolian, the postpositional particle is widely used. ('이(가)'는 본동사의 목적어(object) 뒤에 붙어, 앞말을 지정하여 강조하는 뜻을 나타내는 보조사(postposition)이다. 한국어는 교착어인 까닭에 일본어와 몽고어와 같이 조사가 매우 발달한 것이 특징이다.)

* '아닙니다(anim- ni- dah)' is the opposite form of '입니다(im-

ni- dah)', and its questioning form is '아닙니까(anim- ni-gga)?'.

ex)
- 나는 <u>한국인</u>입니다.　(한국인: 韓國人, korean people)
- 나는 <u>중국인</u>입니다.　(중국인: 中國人, chinese people)
- 나는 <u>미국인</u>입니다.　(미국인: 美國人, american people)
- 나는 <u>스페인 사람</u>입니다.　(스페인인: 西班牙人, spanish people)
- 학생<u>의</u> 학교에 갑니다. (A student goes to school.)
- 그<u>가</u> 학교에 간다. (He goes to school.)

* '사람' is 'people' in korean like 인(人). 70 to 80 percent of korean is composed of chinese characters. But '사람' is pure korean.
(한국어의 70~80 퍼센트는 한자어로 구성되어 있다. 그러나 사람은 순수한 한국어이다.)

- 나는 한국인이 아닙니다. (I am not a korean. 我不是韓國人。)
- 그는 한국인입니까? (Is he a korean? 他是韓國人嗎?)
- 당신은 한국 사람입니까? (Are you a korean? 你是韓國人嗎?)
- 그들은 한국인입니까? (Are they koreans? 他們是韓國人嗎?)
- 그녀는 한국 사람입니까? (Is she a korean? 她是韓國人嗎?)
- 그들은 한국 사람들입니다. (They are koreans. 他們是韓國人。)
- 그녀들은 중국인이 아닙니다. (They are not chinese. 她們不是中國人。)

- 그 사람들은 미국인이 아닙니까? (Aren't they americans?
他們不是美國人嗎?)

* '들' is plural form in korean. We can use it at any type of
noun or pronoun like '그들', '그녀들', '사람들', '당신들',
'학생들' etc.

▶ 나는 밥을 먹습니다. (I eat rice. 我吃飯。)
　　[나(I, 我)는 + 밥(rice, 飯)을 + 먹습니다(eat, 吃)]

▶ 나는 그를 사랑합니다. (I love him. 我愛他。)
　　[나(I, 我)는 + 그(he)를 + 사랑합니다(love, 愛)]

* '을(를)' is a postpositional particle, which is used to express
the direct or indirect objects of action. '을' comes after nouns
ending in a consonant, and '를' comes after nouns ending in
a vowel.
('을(를)'은 동작이 끼친 직접적 대상을 나타내거나 혹은 무슨
행동의 간접적인 목적물이나 대상임을 나타내는 조사이다.
'을'은 앞의 명사가 자음으로 끝날 때 사용되고, '를'은 앞의
명사가 모음으로 끝날 때 사용된다.)

　　ex)
　　- 나는 공부를 합니다. 나는 스페인어를 배웁니다.

▶ 나는 학교에 갑니다. (I go to school. 我去學校。)

　　[나(I, 我)는 + 학교(school, 學校)에 + 갑니다(go, 去)]

▶ 나는 한국에 있습니다. (I am in korea. 我在韓國。)

　　[나(I, 我)는 + 한국에 + 있습니다(am, 在)]

▶ 나는 12시에 밥을 먹습니다. (I have(eat) meal at 12 o'clock. 我12點吃飯。)

　　[나(I, 我)는 + 12시에 + 밥(meal, 飯)을 + 먹습니다(eat, 吃)]

* In '12시', '시' is o'clock in korean. It comes from chinese '時'.

* '에' is a postpositional particle, which is used to express places and times.
　('에'는 장소와 시간을 나타내는 조사이다.)

　　ex)
　　- 나는 스페인에 있습니다.

▶ 나는 그에게 책을 줍니다. (I give him a book. 我給他書本。)

　　[나(I, 我)는 + 그에게 + 책(book, 書本)을 + 줍니다(give, 給)]

* '에게' is a postpositional particle, which Indicates a certain limited range or a position of an object. ('에게'는 일정하게 제한된 범위를 나타내거나 어떤 물건의 소속이나 위치를 나타내는 조사이다.)

> ex)
> - 나는 그에게 갔습니다. 그는 나에게 왔다.

* In korean, generally they do not like to distinguish singular and plural. (한국어에는 일반적으로 단수와 복수를 잘 구별하여 말하지 않는다.)

▶ 나는 아름다운 꽃을 좋아합니다. (I like beautiful flowers. 我喜歡漂亮的花。.)

　[나(I, 我)는 + 아름다운(beautiful, 漂亮) + 꽃(flowers, 花)을 + 좋아합니다(like, 喜歡)]

* In Korean, an adjective is placed in front of a noun. (한국어에서는 영어와 같이 형용사가 명사 앞에 위치한다.)

* The basic form of '좋아합니다' is '좋아하다'. '좋아합니다' is the honorific expression of '좋아하다'.

2-2. 한국어의 시제(Tense in Korean)

In korean, the tense is not that complicated. Generally there are present, present progressive, past and future four forms but strictly speaking there is no present perfect(have +p·p) or past perfect(had +p·p) form in Korean. And the forms have nothing to do with person or singular and plural.

과거(past)	현재(present)
'이었습니다'(was, were) 예) 그는 대학생이었다.	'입니다'(am, are, is) 예) 그는 대학생이다.
'먹었습니다'(ate, had) 예) 그는 먹었다.	'먹습니다'(eat, have) 예) 그는 먹는다.
'갔었습니다'(went) 예) 그는 갔다.(갔었다)	'갑니다'(go) 예) 그는 간다
'주었습니다'(gave) 예) 그는 주었다.	'줍니다'(give) 예) 그는 준다.

(한국어에는 다른 외국어와 같이 동사에 시제가 표현되지만 영어처럼 복잡하지는 않다. 보통 한국어 동사의 시제는 현재형과 현재진행형, 그리고 과거형과 미래형으로 4등분 된다. 엄격히 말해 한국어에는 현재완료나 과거완료가 없으며 한국어 동사의 시제는 인칭이나 단수, 복수 등과는 전혀 상관이 없다.)

현재 or 과거 진행형 (present or past progressive)	미래(future)
'입니다'(am), '이었습니다(was)' 예) 그는 대학생이다(이었다).	'일 것입니다' or '일 예정입니다'.(will be) 예) 그는 대학생일 것이다(~일 예정이다).
'먹고 있습니다(있었습니다)'(be having) 예) 그는 먹고 있다(~있었다).	'먹을 것입니다' or '먹을 예정입니다'.(will eat) 예) 그는 먹을 것이다(~예정이다).
'가고 있습니다(있었습니다)'(be going) 예) 그는 가고 있다(~있었다).	'갈 것입니다' or '갈예정입니다'.(will go) 예) 그는 갈 것이다(~예정이다).
'주고 있습니다(있었습니다)'(be giving) 예) 그는 주고 있다(있었다).	'줄 것입니다' or '줄예정입니다'.(will give) 예) 그는 줄 것이다(예정이다).

ex)

- 나는 **어제** 학교에 갔었습니다. (Yesterday I went to school.)
  (yesterday)
- 그는 어제 밥을 **먹었습니다.** (Yesterday he ate rice. or
  Yesterday he had meal.)
- 그는 나에게 책을 **주었습니다.** (He gave me a book.)
- 그는 학생**이었습니다.** (He was a student.)
- 당신은 어제 학교에 **갔었습니까?** (Did you go to school
  yesterday?)
- 그는 당신에게 책을 **주었습니까?** (Did he give you a
  book?)
- 나는 **내일** 학교에 **갈 것입니다.** (I will go to school tomorrow.)
  (tomorrow)   (=갈 예정입니다)
- 나는 내일 그에게 책을 **줄 것입니다.** (I will give him a
  book tomorrow.)   **(=줄 예정입니다)**
- 나는 내일 그것을 **먹을 것입니다.** (I will have it tomorrow.)
                   (=먹을 예정입니다)
- 그는 **내년**에 학생**일 것입니다.** (He will be a student next year.)
  (next year)   (=일 예정입니다)
- 당신은 내일 그것을 **먹을 것입니까? (**Will you have it
  tomorrow?)   (=먹을 예정입니까?)
- 나는 학교에 **가고 있습니다.** (I am going to school now.)
- 나는 어제 아침 학교에 **가고 있었습니다.** (I was going to
  school yesterday morning.)
- 나는 밥을 **먹고 있습니다.** (I am having a meal now.)

2-3. 한국어의 경어 표현(Honorific expressions in koran)

In korean, there are noticeable differences between honorific, formal expressions and not honorific, informal expressions. In other words, in korean, the predicate of a sentence has a different ending which shows the relationship between the speaker and listener. Generally speaking in korea, if the listener is grown- up or you are not so familiar with him(her), you should use the honorific expressions. But if the listener is not adult or is very familiar with you, you need not to use the honorific expressions. In korean, there are so many ways of honorific expressions. So the honorific expressions are not only shown in predicate(verb), but also will be shown in noun(pronoun). For example, the honorific expression of 밥(meal) is '진지'. In this case, the two words are totally different vocabularies.

(한국어에서는 존댓말, 공식적인 표현과 존댓말이 아닌 비공식적인 표현 사이에는 현저한 차이가 있다. 다시 말해 한국어에는 문장 술부의 끝머리가 다를 수 있는데, 이는 말하는 사람과 듣는 사람 간의 관계를 반영한다. 일반적으로 한국어에서는 듣는 사람이 어른이거나 당신이 듣는 사람과 그렇게 친하지 않을 경우에는 반드시 경어(존댓말)을 사용해야 한다. 그러나 만약 듣는 사람이 어른이 아니거나 혹은 당신과 매우 친하다면 경어를 꼭 사용할 필요가 없다. 한국어에는 경어 표현 방법이 많이 있다. 따라서 경어 표현은 술어(동사)뿐만 아니라 명사(대명사)에도 표시된다. 예를 들어 밥(식사)의 경어 표현은 '진지'이다. 이 경우 두 단어는 완전히 다른 어휘이다.)

honorific expressions	not honorific expressions
나는 학생입니다.	나는 학생이다. (or 나는 학생이야.)
나는 밥을 먹습니다.	나는 밥을 먹는다. (or 나는 밥을 먹어.)
나는 그를 사랑합니다.	나는 그를 사랑한다. (or 나는 그를 사랑해.)
나는 어제 학교에 갔었습니다.	나는 어제 학교에 갔었다. (or 나는 어제 학교에 갔었어.)

2-4. 한국어의 어미 변화(Inflection in koran)

Korean is quite an inflected language. Inflection in koran generally applies to verb, adjective.

(한국어는 어미를 상당히 변화시키는 언어이다. 한국어의 어미 변화는 일반적으로 동사, 형용사에 주로 적용된다.)

<한국어 어미변화의 몇 가지 예(some examples of inflection in koran)>

	기본형 (basic ty pe)	어미변화			
		경어, 존댓말 (honorific)	비경어 (비존댓말) (not ho norific)	진행형 (progress ive form)	형용사형 (adjective form)
동사 (verb)	먹다 (eat, have)	먹습니다	먹는다 (먹어)	먹고	먹는
	사랑하다 (love)	사랑합니다	사랑한다 (사랑해)	사랑하고	사랑하는
형용사 (adje ctive)	아름답다 (beautiful)	아름답습니다	아름답다 (아름다워)	아름답고	아름다운
	젊다 (young)	젊습니다	젊다(젊어)	젊고	젊은
	크다(big)	큽니다	크다	크고	큰

ex)

- 명령형(instruction form): ~ 밥을 **먹어라!** (Eat meal!), 그를 **사랑해라!** (Love him!)
- 그는 밥을 **먹고** 있습니다. (He is having meal.)
- 밥을 **먹는** 사람은 학생입니다. (The person having rice(meal) is a student.)
- 한국인은 밥을 **먹는다**. (Koreans eat rice.)
- 나는 어제 밥을 **먹었습니다**. (Yesterday I ate rice.)
- 그는 나를 **사랑해(사랑한다)**. (He loves me.)
- 그는 나를 **사랑하고** 있습니다. (He is loving me.)
- 나는 그를 **사랑하고** 존경합니다. (I love and respect him.)
- 그는 **사랑하는** 사람이 있습니다. (He has a lover.)
- 당신은 **아름답습니다**. (You are beautiful.)
- 나는 **아름다운** 꽃을 좋아한다. (I like beautiful flowers.)
- 나는 **아름다운** 그녀를 사랑합니다. (I love her. She is so beautiful.)
- 그녀는 **아름답고** 젊습니다. (She is beautiful and young.)
- 그는 **젊은** 여성을 좋아합니다. (He likes young women.)
- 그는 **젊다(젊습니다)**. (He is young.)
- 나는 **큰** 집을 좋아합니다. (I like big house.)

#한국어의 접속사(conjunctive particle in Korean)

그리고(And), 그러나, 그렇지만, 그런데(but), 그래서, 그러므로(so)

#Step- by- step composition exercises(단계별 작문 연습)

Level 1
나는 학생입니다. (I am a student.)

당신은 학생입니다. (You are a student.)

그(그녀, 그들)는(은) 학생입니다. (He(She, They) is(is, are) a student(students).)

당신은 학생입니까? (Are you a student?)

그(그녀, 그들)는(은) 학생입니까? (Is(Are) he(she, They) a student(students)?)

나는 학생이 아닙니다. (I am not a student.)

Level 2
나는 밥을 먹습니다. (I eat rice.)

나는 그를 사랑합니다. (I love him.)

나는 학교에 갑니다. (I go to school.)

그는 스페인에 있습니다. (He is in Spain.)

그녀는 12시에 밥을 먹습니다. (She has meal at 12 o'clock.)

나는 그에게 책을 줍니다. (I give him a book.)

그녀는 예쁜 옷을 좋아합니다. (She likes beautiful clothes.)

Level 3
나는 어제 학교에 갔었습니다. (or 갔습니다.)(Yesterday I went to school.)

그는 나에게 책을 주었습니다. (He gave me a book.)

나는 내일 학교에 갈 것입니다. (I will go to school tomorrow.)

나는 학교에 가고 있습니다. (I am going to school now.)

나는 어제 아침 학교에 가고 있었습니다. (I was going to school yesterday morning.)

Level 4- 1
나는 어제 학교에 갔습니다. 그래서 오늘(내일)은 학교에 안 갑니다. (Yesterday I went to School. So today(tomorrow)I do not go to school.)

그는 작년에 학생이었습니다. 그러나 지금은 학생이 아닙니다. (Last year he was a student. But now he is not a student.)

그는 내년에 학생일 것입니다. 그리고 학교에 갈 것입니다. (Next year he will be a student. And he will attend a school.)

나는 어제 그에게 책을 주었습니다. 그런데 당신은 오늘 그에게 책을 줍니까(줄 예정 입니까)? (Yesterday I gave him a book.

By the way, today are you going to give him a book?)
Level 4- 2
나는 너를 사랑해. 그런데 너는 나를 사랑해? (I love you. But do you love me?)

나는 매일 빵을 먹어. 그러나(그렇지만) 밥은 먹지 않아. (I eat bread every day. But I do not eat rice.)

나는 학교가 좋아. 그래서 지금 학교에 가고 있어. (I like school. So I am going to school now.)

나는 오늘 학교에 갈 것이야. 그리고 학교에서 밥을 먹을 예정이야. (I will go to school today. And I am going to eat at school.)

Level 5
나는 빵을 좋아합니다. 그래서 어제 학교 식당에서 큰 빵을 먹었습니다. 그런데 내일은 빵을 안 먹을 것입니다. (먹지 않을 것입니다)(I like bread. So yesterday I ate a big bread in the school cafeteria. But tomorrow I won't eat bread.)

그는 한국인이 아닙니다. 그래서 밥을 안 먹습니다. (먹지 않습니다.) 그러나 나는 한국인입니다. 그러므로 밥을 좋아합니다.
(He is not a Korean. So he doesnd't eat rice but I'm Korean,therefore I like rice.)

학교에서 밥을 먹고 있는 저 젊은 사람은 한국 사람입니다. 그리고 그는 그라나다 대학교 학생입니다.
(That young man who is eating at school is Korean. And he is a student at the University of Granada.)

3. 한국어 읽기와 쓰기(korean reading and writing)

3-1. 자음과 모음 읽기 연습과 알파벳 명칭(reading practice of korean consonants and vowels and the name of korean alphabet)

가	갸	거	겨	고	교	구	규	그	기
나	냐	너	녀	노	뇨	누	뉴	느	니
다	댜	더	뎌	도	됴	두	듀	드	디
라	랴	러	려	로	료	루	류	르	리
마	먀	머	며	모	묘	무	뮤	므	미
바	뱌	버	벼	보	뵤	부	뷰	브	비
사	샤	서	셔	소	쇼	수	슈	스	시
아	야	어	여	오	요	우	유	으	이
자	쟈	저	져	조	죠	주	쥬	즈	지
차	챠	처	쳐	초	쵸	추	츄	츠	치
카	캬	커	켜	코	쿄	쿠	큐	크	키
타	탸	터	텨	토	툐	투	튜	트	티
파	퍄	퍼	펴	포	표	푸	퓨	프	피
하	햐	허	혀	호	효	후	휴	흐	히

기본 자음	
ㄱ	기역
ㄴ	니은
ㄷ	디귿
ㄹ	리을
ㅁ	미음
ㅂ	비읍
ㅅ	시옷
ㅇ	이응
ㅈ	지읒
ㅊ	치읓
ㅋ	키읔
ㅌ	티읕
ㅍ	피읖
ㅎ	히읗

합성 자음	
ㄲ	ㄲ
ㄸ	ㄸ
ㅃ	ㅃ
ㅆ	ㅆ
ㅉ	ㅉ

기본 모음 + 합성 모음	
ㅏ	아
ㅓ	어
ㅗ	오
ㅜ	우
ㅡ	으
ㅣ	이
ㅐ	애
ㅔ	에
ㅚ	외
ㅟ	위
ㅑ	야
ㅕ	여
ㅛ	요
ㅠ	유
ㅒ	얘
ㅖ	예
ㅘ	와
ㅙ	왜
ㅝ	워
ㅞ	웨
ㅢ	의

*자음자 19자(기본 자음 14자, 합성 자음 5자)
*모음자 21자(기본 모음 10자, 합성 모음 11자)

3-2. 자음 모음 쓰는 법(How to write the Korean con sonants and vowels)

* 자음 쓰기

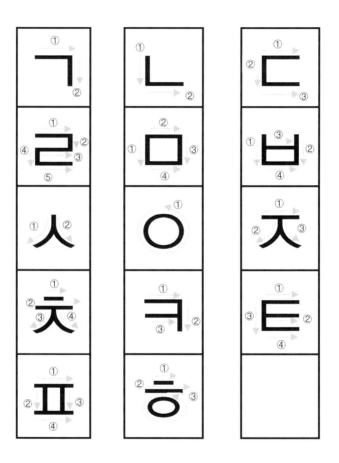

* 모음 쓰기

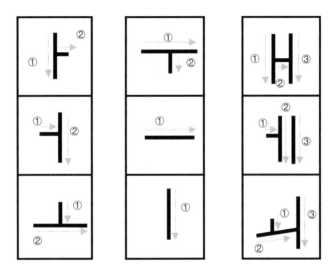

기본 회화 1

Basic
conversation1

제1과
안녕하세요?
How are you?
你好!

- -

인숙(In sook):　　안녕하세요? (How are you?)
　　　　　　　　你好!

리차드(Richard):　네, 안녕하십니까? (Fine, How are you?)
　　　　　　　　你好!

- -

인숙(In sook):　　처음 뵙겠습니다[1]. (How do you do?)
　　　　　　　　久仰, 久仰!

리차드(Richard):　처음 뵙겠습니다. (How do you do)
　　　　　　　　很榮幸見到你!

---

1) The meaning of '처음 뵙겠습니다.' sentence itself is 'I meet you for the first time.' But its real meaning is something like 'It is an honor to meet you. (만나서 영광입니다.)' or 'It is nice to meet you. (만나서 반갑습니다.)' But in Chinese, they don't say '처음 뵙겠습니다. (初次見面!)' for greetings. They generally say '很高興見到你! (만나서 반갑습니다.)', 很榮幸見到你! (만나서 영광입니다.), '久仰! (말씀 많이 들었습니다.)' etc.

인숙(In sook): 한국은 처음이세요? (Is it your first time in Korea?)
这是您第一次来韩国吗?

리차드(Richard): 네, 처음입니다. 잘 부탁드립니다. (Yes, this is the first time. I will appreciate your help and encouragement.)
是, 第一次来的, 请多指教。

인숙(In sook): 저는 김인숙이라고 합니다. 성함이 어떻게 되세요? (I am Kim Insook. What's your name ?)
我叫金仁淑。你叫什么名字?

리차드(Richard): 제 이름은 리차드입니다. 미국에서 왔습니다. (My name is Richard. I am from Unites States of America.)
我叫理查德。我来自美国。

인숙(In sook): 아, 그러세요? 만나서 반갑습니다. (Oh, Really? Glad to meet you.)
哦, 是吗?很高兴认识你。

리차드(Richard): 네, 저도 만나서 반가워요. (Glad to meet you too.)
我也很高兴认识您。

인숙(In sook):　　안녕히 가세요. (Good bye.)

　　　　　　　　　再见!

리차드(Richard):　네, 안녕히 계세요. (Good bye.)

　　　　　　　　　再见!

- The basic form of '안녕하세요?' is '안녕하다'. '안녕하다' is the same meaning of '편안하다'. These words mean safe or comfortable. They are from chinese 安寧, 便安. '하다' is very typical adjective form in Korean. For example, '깨끗하다', '시원하다' etc. And '하세요?' is the questionable form of '하다' and '합니다(honorific form of '하다')'.

- '처음' means 'first' or 'for the first time'.
  '처음이세요?' is the questionable form of '처음입니다'. And the '처음입니다' is the honorific form of '처음이다'.

- The basic form of '뵙겠습니다' is '뵙다'. '뵙다' is the honorific form of '보다(see)'.

- '뵙겠습니다' is the same with '뵙습니다'. These words are the honorific form of '보다(see)'.

- '잘 부탁드립니다' is very common korean expression that is

used very often in the first meeting with people. The basic form of '부탁드립니다' is '부탁하다'. '부탁하다' is a verb which means 'make a request'. '잘' means the adverb 'well'.

- The basic form of '반갑습니다' is '반갑다'. '반갑습니다' is the honorific form of '반갑다'. '반갑다' is the same with '반가워'.

- '안녕히' is the adverbial form of adjective '안녕하다'.

- The basic form of '가세요' is '가다', which means 'go'. '가세요' is the instructive(ordering) form of '가다', and the same with '가십시오'.

- The basic form of '계십시오' is '계시다', which is the honorific form of '있다(remain, be left)'.

제2과

한국어를 하세요?

Can you speak Korean?

你会说韩语吗?

- -

인숙(In sook): Richard 씨, (당신은) 한국어(를) 하세요? (Mr. Richard, Do you speak Korean?)
你会说韩语吗?

리차드(Richard): 네, (저는) 한국어를 조금합니다. (Yes, I can speak Korean a little.)
是, 会说一点。

- -

인숙(In sook): 아, 그러세요? 어디서 한국어를 배웠나요? (Oh, do you? Where did you learn Korean?
哦, 是吗? 你在哪里学韩语?

리차드(Richard): 저는 대학(교)에서 한국어를 배웠어요. (I learned Korean at university.)

我在大学学过韩语。

- -

인숙(In sook): 한국어는 어렵지 않나요? (Is not Korean diffi
cult?)
韩语不觉得很难吗?

리차드(Richard): 네, 매우 어렵습니다. (Yes, It is very difficult.
是, 很难的。)

- -

인숙(In sook): 그런데 한국어를 참 잘하시네요. (But you speak
Korean very well.)
但是您的韩语说得很好。

리차드(Richard): 정말요? 인숙 씨도 영어를 참 잘하시네요. (Really?
You speak English very well too.)
真的吗?您的英语也很好。

- -

인숙(In sook): 아닙니다. 아직도 많이 부족합니다. (No, It is
still not enough.)
不, 还差得远呢。

리차드(Richard): 영어를 얼마나 오래 배웠죠? (How long have
you learned English?)
您学习英语多长时间了?

- -

인숙(In sook): 10년쯤 배웠습니다. (I have learned it for about

10 years.)

学了十年左右。

리차드(Richard):　오랫동안 배웠군요. (You have learned it for a
long time.)

学了很长时间了。

- '~(를) 하세요?' is used very often in korean conversation. For
example, '골프하세요? (Do you play golf?)', '아침식사하세요?
(Do you eat breakfast?)', etc. And when you are asked like
that, you can reply as '네, 합니다' or '아닙니다(아뇨)'.

- '아' is an interjection like 'oh!'.

- '배웠나요?' is an honorific form of '배웠니?' or '배웠어?'. It's
basic form is '배우다(learn, study)'. '배웠나요?' is a questioning
form of '배웠다', and '배웠다' is a past form of '배우다'.

- '대학교' means 'university'.

- '어렵다' means 'difficult'. '~ 않나요?' is an expression of
something like tag question. For example, '골프는 어렵지 않
나요? (Golf is difficult to play, isn't it?)', 그는 미국에 살지
않나요? (Does't he live in Spain?), etc.

- '매우' is 'very'.

- '어렵습니다' is the honorific form of '어렵다(or 어려워)'. '어렵다' is the basic form of '어렵습니다'. The antonym of '어렵다' is '쉽다(easy)'.

- '참' is 'very'. '잘하시네요' is the same expression with '잘합니다' and '잘해요', means 'be good at something'. For example, '나는 한국어를 잘합니다. (I am good at korean.)', '그는 운동을 잘해요. (He is good at sports.)', etc.

- '아직도' means 'still'. '부족합니다(basic form is '부족하다')' means 'lack', 'not enough'.

- '얼마나 오래' means 'how long'. '오래' means 'long time'. '얼마' means 'how much' or 'how many', It is usually used in asking the quantity(including uncountable mount) of something. For example, '이 책 얼마입니까? (How much is this book?)', '시간이 얼마(나) 걸립니까? (How long does it take?)'

- '배웠죠?' is the same with '배웠지요?' or '배웠습니까?'

- '년' means 'year'. '쯤' means 'about'.

- '오랫동안' means 'for a long time'. '동안' means 'for some time(period)'. For example, '10년 동안(for 10 years)', '휴가 동

안(during vacation)' etc.

- '배웠군요' is very similar to '배웠네요', but a little bit different with '배웠습니다', but these 3 expressions are almost the same.

제3과

어디서 오셨습니까?

Where are you from?

你是哪里人?

인숙(In sook):　　Richard 씨, 안녕하세요! (Hello, Richard!)
　　　　　　　　你好!

리차드(Richard):　인숙 씨, 안녕하세요! 기다리게 해서 죄송합니다.
　　　　　　　　(Hello, Insook, I am sorry to have kept you
　　　　　　　　waiting.)
　　　　　　　　你好! 抱歉让您久等了。

인숙(In sook):　　아니에요, 괜찮습니다. Richard 씨, (당신은) 어디
　　　　　　　　서(or 어디에서) 오셨습니까? (No, it's okay. Mr.
　　　　　　　　Richard, Where are you from?)
　　　　　　　　没事。理查德, 你是哪里人?

리차드(Richard):　저는 미국에서 왔습니다. (I am from America.)

我来自美国。

- -

인숙(In sook):　한국에는 무슨 일로 오셨습니까? (What made you come to Korea?)
你是来韩国做什么的?

리차드(Richard):　(저는) 사업차 왔습니다. (I came here for business.)
我是来这里做生意的。

- -

인숙(In sook):　한국에는 언제 오셨습니까? (When did you come to Korea?)
你什么时候来韩国的?

리차드(Richard):　며칠 전에 도착했습니다. (I have arrived a few days ago.)
我几天前到了。

- -

인숙(In sook):　한국 음식은 어떻습니까? (How do you like Korean food?)
您觉得韩国菜怎么样?

리차드(Richard):　좋습니다. 그런데 조금 너무 매워요. (Good, but a little too hot.)
好啊. 但有点太辣了。

- -

인숙(In sook):　안녕히가세요. (Good bye.)

再见!

리차드(Richard):　네, 다음에 봬요. (Ok(or Yes), See you later.)
　　　　　　　　好, 再见!

- '어디서' is the same meaning with '어디에서'. It is the combination of '어디(where)' and '서(or 에서)(=from)'.

- '오셨습니까?' is the questioning form of '오셨습니다'. The basic form of '오셨습니다' is '오다(come)'. '오셨습니다' is the past and honorific form '오다', and the honorific form of '왔습니다'.

- '저' is the honorific form of '나'.

- '무슨' is what. '무슨 일' means 'what business'. '일' is 'work or business'. '무슨 일로' means 'for what business'. '로' here means 'for' and it can be replaced with '때문에'.

- '사업' is business, the same meaning of '일'. '사업차' is the same meaning with '사업 때문에'. '차' in korean is very often used for expressing purpose.

- '언제' means 'when'.

- '며칠' means 'several days'. '전에' is composed of '전' and '에'. '전' means 'before'. As mentioned before, '에' is a post positional particle, which is used to express places or times. '다음에' is composed of '다음' and '에'. '다음' is 'next time'.

- '음식' is 'food'. '어떻습니까?' is a questioning word meaning 'How is it?'.

- '좋습니다' is a adjective meaning 'good', its basic form is '좋다'. It is the honorific form of '좋다'.

- '그런데' is 'by the way' or 'but'. '조금' is 'a little'. '너무' is 'too'. The basic form of '매워요' is '맵다(hot)'. '매워요' is the honorific form of '맵다'.

- '봬요' can be replaced with '봅시다', its meaning is 'Let's meet'.

제4과

어디에 사세요?

Where do you live

你住在哪里?

인숙(In sook): Richard 씨, (당신은) 어디에 사세요? (Mr. Richard, Where do you live?)

你住在哪里?

리차드(Richard): 저는 서울에 살아요. (I live in Seoul.)

我住在首尔。

인숙(In sook): 서울 생활 어때요? (How do you like living in Seoul?)

您在首尔过得怎么样?

리차드(Richard): 좋아요. 그런데 서울에는 사람이 너무 많아요. (Very good. But there are too many people in Seoul.)

很好, 但是首尔有太多人。

- -

인숙(In sook): 맞아요. 서울은 한국의 수도입니다. 그렇기 때문에 사람이 많이 살고 있습니다. (That's right. Seoul is the capital of Korea, so(therefore) there are so many people living.)

没错. 首尔是韩国的首都, 所以有很多人住在这里。

리차드(Richard): 인숙 씨의 고향은 어디죠? (Where is your home town?)

仁淑, 你的家乡在哪里?

- -

인숙(In sook): 제 고향은 부산입니다. (My hometown is Busan.)

我的家乡是釜山。

리차드(Richard): 정말요? (Really?)

真的吗?

- -

인숙(In sook): 그렇습니다. 부산에 간 적이 있나요? (Yes, Have you been to Busan?)

是的. 您去过釜山吗?

리차드(Richard): 아뇨. 하지만 다음에 가보고 싶어요. (No, but I want to go next time.)

没去过. 但是以后想去看看。

- '사세요' is a questioning of '살아요'. The basic form of '살아요' is '살다(live)', And it is the honorific form of '살다'.

- '서울' means 'Seoul'. '생활' means 'life'. '어때요?' is the same word with '어떻습니까?', they are all questioning forms.

- '많아요' means 'There's a lot'. The basic form of it is '많다(many, much)', and '많아요' is the honorific form of '많다(많아)'.

- '맞아요' means 'right', is very often used for agreeing to other people's opinion.

- '의' is a possessive postposition word(소유격조사). For example, 나의 책(my book), 당신의 책(your book), 그 사람의 책(his book), 그 여자의 책(her book), 그들의 책(their book), 인숙의 책(In sook's book)

- '수도' means 'capital'.

- '그렇기 때문에' is the same as '그래서' or '그러므로', these mean 'therefore'.

- '많이' is the adverbial form of '많다'.

- '살고 있습니다' is the present progressive form of '삽니다'.

The basic form of '삽니다' is '살다'.

- '고향' means 'hometown'. '어디죠?' means 'Where is?', is the same with '어디지요?' or '어디입니까?'.

- '제' is the same word with '저의', is the honorific form of '나의(my)'. '부산'is 'Busan'.

- '정말요?' is 'really?'. '정말' means 'truth'. '정말요?' is the same as '정말입니까?'.

- '그렇습니다' is the same word with '맞아요', means 'That(It)'s right.'

- '~적이 있나요?' is a very useful expression of asking one's experience. For example, '간 적이 있나요? (Have you ever been to)', 먹은 적이 있나요? (Have you ever eaten), '산 적이 있나요? (Have you ever been in)' etc.

- '아뇨' means 'no'. It is the same with '아니오' or '아닙니다'.

- '하지만' means 'but', is the same word with '그러나', '그렇지만'.

- '~고 싶어요' is an expression of hope of doing something. For example, '가고 싶어요(want to go)', '먹고 싶어요(want to eat)',

'살고 싶어요(want to live)' etc. '가보고' is the combination of '가다(go)' and '보다(see)', is very popular form of korean conversation. For example, '먹어보다(try to eat)', '살아보다(try to live)', '가보다(try togo)', etc.

제5과

어디에 가세요?

Where are you going?

你去哪?

- -

인숙(In sook):   Richard 씨, 지금 어디에 가세요? (Mr. Richard, Where are you going now or Where do you go now?)
理查德, 你现在要去哪里?

리차드(Richard): (저는) 백화점에 가요. (I am going to department store.)
我去百货商店。

- -

인숙(In sook):   네, 또 봬요! (Ok, see you again!)
好, 再见!

리차드(Richard): 네, 다음에 봬요. 인숙 씨는 어디에 가세요? (Yes, see you again. Where are you going, In sook?)

好, 再见! 仁淑, 你要去哪里?

인숙(In sook): 저는 공원에 운동하러 갑니다. (I am going to the park to exercise.)
我去公园运动。

리차드(Richard): 무슨 운동을 좋아해요? (What kind of exercise do you like?)
你喜欢什么运动?

인숙(In sook): 저는 탁구를 좋아합니다. (I like table tennis.)
我喜欢桌球。

리차드(Richard): 정말요? (Really?
真的?

인숙(In sook): 그렇습니다. 저는 학생 때부터 스포츠를 좋아했어요. (Yes, I have loved sports since I was a student.)
是。 我从学生时期开始就喜欢运动。

리차드(Richard): 그래요? 공원에서 즐거운 시간 보내세요! (Really? Have a pleasant time at the park!)
是吗? 希望你在公园玩得开心。

인숙(In sook): 감사합니다. (Thank you.)

　　　　　　　　謝謝。

리차드(Richard):　다음에 봬요! (See you next time!)
　　　　　　　　再见!

- '지금' is 'now'.

- '백화점' is 'department store'.

- '또' means 'again' or 'once more'.

- '공원' means 'park'. '운동' means 'work out'. '~하러' is used
  for expression of purpose. For example, '운동하러(to work
  out)', '산보하러(to take a walk)', '식사하러(to eat)', etc.
  '탁구' is table tennis.
  '스포츠' means 'sports'. There are many <u>foreign words(외래어)</u>
  in Korean.

- '때부터' means 'from ~time'. For example, '어릴 때부터(from
  childhood)', '그때부터(from then on, from that time)' etc.

- '그래요?' is the same with '그러세요?', '정말요?' or '그렇습
  니까?'

- '즐거운' means 'pleasant', '시간' means 'time'. The basic form
  of '보내세요' is '보내다(spend)', '보내세요' is instructive and

suggestive form of '보내다(spend)', and a honorific form of '보내' or '보내라'.

- '감사합니다' means 'thank you', is originated from chinese '感謝'。

제6과

오늘은 무슨 요일이죠?

What day of the week is it today?

今天是星期几?

- -

인숙(In sook):   리차드 씨, 오늘은 무슨 요일이죠? (Richard, What day of the week is it today?)
                 理查德, 今天星期几?

리차드(Richard): 오늘은 금요일입니다. (Today is Friday.)
                 今天是星期五。

- -

인숙(In sook):   그럼 오늘은 몇 월 몇 일이죠? (So what date is it today?)
                 那么今天是几月几日?

리차드(Richard): 오늘은 8월4일입니다. (It is August 4th.)
                 今天是八月四日。

- -

인숙(In sook):   시간이 정말 빨리 흐르네요. 리차드 씨가 한국에
오신지도 1년이 지났네요. 그런데 옆에 계신 분은
누구세요? (Time is flowing really fast. It's been
a year since Richard came to Korea. But who is
next to you?)
时间过得真快。理查德米到韩国已经一年了。但是
谁在你旁边?

리차드(Richard):   참 제가 깜박했군요. 여기는 제 약혼녀Sara입니다.
저희는 올해 가을 10월 5일에 결혼할 예정입니다.
(Oh, I almost forgot. This is my fiancée Sara.
We are going to get married on October 5 this
fall.)
我忘了, 这是我的未婚妻萨拉。我们计划在今年秋
天10月5日结婚。

- -

인숙(In sook):   진짜요? 정말 축하드려요. (Really? I really co
ngratulate you.)
真的吗? 我真的很祝贺你。

리차드(Richard):   감사합니다. 인숙 씨는 아직도 이 빌딩에 사세요?
(Really? Do you still live in this building?)
谢谢。 仁淑, 你还住在这栋楼吗?

- -

인숙(In sook): 네, 저는 여기서 2년째 살고 있어요. 이 건물 3층 첫번째 집에 살아요. (Yes, I've been living here for 2 years. I live in the first house on the third floor of this building.)
是的, 我已经在这里住了两年了。我住在这栋大楼三楼的第一所房子里。

리차드(Richard): 여기는 시내 근처라 시끄럽진 않나요? (Isn't it noisy because it's near downtown?)
因为这里是靠近市区, 是不是很吵闹?

- -

인숙(In sook): 아뇨, 여기는 조용한 편이에요. 시내에 올 때 저희 집에 한번 놀러오세요. (No, It's a kind of quiet here. Come and visit us when you come downtown.)
不, 这里算很安静, 你来市区时顺便来我家玩一玩。

리차드(Richard): 그럴게요, 다음에 봬요! (Ok, See you next time.)
好的, 再见!

- '오신지도'is the same expression with '오신 것도'.
  ex) 당신이 한국에 오신지도 일 년이 되었네요 = 당신이 한국에 오신 것도 일 년이 되었네요. (It's been a year since you came to Korea.)

- '시끄럽진' is a short form of '시끄럽지는'

- '편이에요' is 'kind of' or 'tend to'

ex) 그는 키가 큰 편이에요. (He is kind of tall.), 그는 술을 잘 마시는 편이에요. (He is kind of good drinker.), 한국인들은 쉽게 흥분하는 편이다. (Koreans tend to be easily excited.)

의문형용사(interrogative adjectives),
의문대명사(interrogative pronouns),
의문부사(interrogative adverbs)

* 무엇 · 무슨 · 어떤 · 어느 → what

Ex)

당신은 <u>무엇</u>을 공부합니까? (What do you study?)   你学什么?

이것은 <u>무엇</u>입니까? (What is this?)   这是什么?

당신은 <u>무슨(어떤)</u> 공부를 합니까? (What do you study?)   你学什么?

당신은 <u>어느(무슨, 어떤)</u> 나라 사람입니까? (What country are you from?)你是哪国人?

* 누구 → who, whose, whom

Ex)

그는 <u>누구</u>입니까? (Who is he?)   他是谁?

당신은 <u>누구</u>를 좋아합니까? (Who do you like?)   你喜欢谁?

<u>누가(누구가)</u> 당신의 아들입니까? (Who is your son?)   谁是你的儿子?

그녀는 <u>누구</u>의 딸입니까? (Whose daughter is she?)   她是谁的女儿?

그들이 <u>누구</u>를 초대했나요? (Whom did they invite?)   他们邀请了谁?

* 언제 · 어디 · 어떻게 · 얼마(나) → when, where, how

Ex)

그는 <u>언제</u> 오나요? (When does he come?)   他什么时候来?

그는 <u>어디</u>(~에, ~에서) 살아요? (Where does he live?)   他住哪?

이것은 <u>어떻게</u> 먹나요? (How do you eat this?)   这怎么吃?

이것은 <u>얼마</u>입니까? (How much is this?)   这多少?

부산에서 서울까지 <u>얼마나</u> 멉니까? (How far is it from Busan to Seoul?)釜山到首尔有多远?

\# 지시대명사(demonstrative pronouns)와
지시형용사(demonstrative adjectives)

이(이것), 이것들	this, these
저(저것), 저것들	that, those
그(그것), 그들, 그것들	that(it), they, those

Ex)

이 책은 제 것입니다. (This book is mine.)   这书是我的。

이것은 제 책입니다. (This is my book.)   这是我的书。

이것들은 제 책입니다. (These are my books.)   这些是我的书。

저 책은 누구(의) 책입니까? (Who's book is that?)   那书是谁的书?

저것은 나의 책입니다. (That is my book.)   那是我的书。

저것들은 당신의 책입니까? (Are those your books?)   那些是你的书吗?

그 사람은 누구죠? (Who is that person?)   那人是谁?

그것은 무엇입니까? (What is it?)   那是什么?

그들은 누구죠? (Who are they?)　　他们是谁?

그것들은 무엇이죠? (What are those?)　　那些是什么?

기수(cardinal number)와
서수(ordinal number)

0 영	5 오(다섯)	10 십(열)	22 이십이(스물둘)	200 이백
1 일(하나)	6 육(여섯)	11 십일(열하나)	99 구십구(아흔아홉)	999 구백구십구
2 이(둘)	7 칠(일곱)	12 십이(열둘)	100 백	1000 (일)천
3 삼(셋)	8 팔(여덟)	20 이십(스물)	101 백일	10000 (일)만
4 사(넷)	9 구(아홉)	21 이십일(스물하나)	102 백이	100000 (일)십만

1번째(첫째) First	5번째(다섯째) Fifth	9번째(아홉째) Ninth	30번째(서른번째) Thirtieth
2번째(둘째) Second	6번째(여섯째) Sixth	10번째(열째) Tenth	40번째(마흔번째) 40th
3번째(셋째) Third	7번째(일곱째) Seventh	11번째(열한번째) Eleventh	41번째(마흔한번째) 41th
4번째(넷째) Fourth	8번째(여덟째) Eighth	20번째(스무번째) Twentieth	50번째(쉰번째) 50th

* 주일[요일](Day of the week)

일요일(Sunday) 星期日	수요일(Wednesday) 星期三	토요일(Saturday) 星期六
월요일(Monday) 星期一	목요일(Thursday) 星期四	주중(weekdays) 周中
화요일(Tuesday) 星期二	금요일(Friday) 星期五	주말(weekend) 周末

* 월(month)

1월(일월) January 一月	5월(오월) May 五月	9월(구월) September 九月
2월(이월) February 二月	6월(유월) June 六月	10월(시월) October 十月
3월(삼월) Marc 三月	7월(칠월) July 七月	11월(십일월) November 十一月
4월(사월) April 四月	8월(팔월) August 八月	12월(십이월) December 十二月

* 사계절(four seasons)

봄(spring) 春	여름(summer) 夏	가을(autumn) 秋	겨울(winter) 冬

* 시간 물어보기(asking time)

- **지금 몇 시입니까? (What time is it now?)** 现在几点呢?
- 두 시 반입니다. (It is half past two.) 两点半。
- 열 시 오 분 전 입니다. (It is five to ten.) 十点差五分。
- 아홉 시 십칠 분입니다. (It is nine seventeen.) 九点十七分。

* 나이 물어보기2) (asking age)

- **몇 살입니까? (How old are you?)** 你几岁?
- 저는 스물3)두 살입니다. (I am 22 years old.) 我二十二岁。
- 실례지만 연세4)가 어떻게 되세요5)? (Excuse me, how old are

---

2) In Korean, we use ordinal numbers, not cardinal number, to say age. For example, we mostly say '서른 살' instead of '삼십 살'.

3) In Korean, we use ordinal numbers, not cardinal number, to say age. For example, we mostly say '서른 살' instead of '삼십 살'.

you?)　打扰一下, 你多大岁数?

- 올해 일흔 살입니다. (I am 70 years old this year.)　今年七十岁。

---

4) '연세' is the honorific expression of '나이'.

5) '어떻게 되세요?' is a frequently used expression when you ask someone's age, name, or hometown etc. For example, '나이가 어떻게 되세요? (How old are you?)', 이름이 어떻게 되세요? (What's your name?), 고향이 어떻게 되세요? (Where's your hometown?) etc.

기본 회화 2

Basic
conversation 2

제1과

나는 대학생입니다.

I am a university student.

我是大學生.

A(김영호): 당신은 중국인입니까? (Are you chinese?)
您是中國人嗎? (您是中国人吗?)

B(Mr. 왕): 네, 그렇습니다. 나는 중국인입니다. 당신도 중국인입니
까? (Yes, I am. Are you chinese too?)
對, 我是中國人。您也是中國人嗎? (对, 我是中国人。您
也是中国人吗?)

A: 저는 중국인이 아니고6) 한국인입니다. (I am not chinese but
korean.)
我不是中國人, 我是韓國人。(我不是中国人, 我是韩国人。)

B: 당신은 학생입니까 선생님입니까? (Are you a student or a
teacher?)

---

6) '아니고' is the short phrase of '아닙니다. 그리고'.

您是學生還是老師? (您是学生还是老师?)

A: 저는 중국어과 학생입니다. 당신은요? (I am a student in the Chinese language department. And you?)
我是中文系的學生, 您呢? (我是中文系的学生。 您呢?)

B: 저는 중국 관광객입니다. 당신은 중문과 학생이죠? (I am a Chinese tourist. Are you a student in the Chinese language department?)
我是中國遊客。 您是不是中文系的學生。 (我是中国游客。 您是不是中文系的学生。)

A: 그렇습니다[7]. 저는 국립안동대학교 중문과 1학년 학생입니다. (Yes, I am. I am a first year student at the National Andong University.)
是, 我是國立安東大學中文系一年級的學生。 (我是国立安东大学中文系一年级的学生。)

B: 당신의 친구도 중문과의 학생입니까? (Is your friend a student in the Chinese language department too?)
你的朋友也是中文系的學生嗎? (你的朋友也是中文系的学生吗?)

A: 그는 중문과의 학생이 아니고, 사학과의 학생입니다. (He is not a student of the Chinese language department, but a student of the history department.)
他不是中文系的學生, 他是史學系的學生。 (他不是中文系的学生,

---

7) '그렇습니다' means 'it is true'. The opposite form of it is '그렇지않습니다'.

他是史学系的学生。)

B: 당신들은 모두 여기 사람입니까? (Are you guys all live here?)
你們都是這裏的人嗎? (你们都是这里的人吗?)

A: 아닙니다. 저는 부산 사람이지만 나의 친구는 부산 사람이
아니고 서울 사람입니다. 당신은 부산에 간 적이 있습니까?
(No, I am from Busan but my friend is not from Busan but
from Seoul. Have you been to Busan?)
不, 我是釜山人, 不過我的朋友他不是釜山人, 是首爾人。 您去過
釜山嗎? (不, 我是釜山人, 不过我的朋友他不是釜山人, 是首尔人。
您去过釜山吗?)

B: 저는 부산을 알아요. 하지만 아직 간 적이 없습니다. 다음에
한번[8] 가보고 싶어요. (I know Busan. But I have not been there
yet. I would like to go there next time.)
我知道釜山, 但是我還沒去過那兒。 以後我很想去看看。 (我知道
釜山, 但是我还没去过那儿。 以后我想去看看。)

A: 당신은 한국에 자주 오세요? (Do you come to Korea often?)
您常來韓國嗎? (您常来韩国吗?)

B: 한국에 그렇게 자주 오진 않아요. (I do not come to Korea so
often.)
我不怎麼常來韓國。 (我不怎么常来韩国。)

---

8) The original meaning of '한번' means 'one time'. But here it means '좀', which means 'try
something to do'.

A: 저희 나라에 자주 오시는 걸 환영합니다. (Welcome to our country often.)

歡迎您常來我國。 (欢迎您常来我国。)

B: 감사합니다. (Thank you.)

謝謝您。 (谢谢您。)

A: 천만에요. 안녕히가세요! (You are welcome. Goodbye!)

不用謝。 再見! (不用谢。 再见!)

B: 안녕히 가세요! (Goodbye!)

再見! (再见!)

한국어 구문 익히기(Learn Korean phrases)

1. 나는 ~이다(입니다). (I am / ~ 我是~)

2. 나도 ~이다(입니다). (I am ~ too / 我也是~)

3. 나는 ~가 아니다(아닙니다). (I am not ~ / 我不是~)

4. 당신은 ~입니까? (Are you ~? / 你是~ 嗎?)

5. ~적이 있다. (have p·p~ / ~過)

6. 아직 ~적이 없다. (haven't p·p~ / 還沒~過)

7. ~고 싶다. (would like to~ / 想~)

┌─────────────────────────┐
│ 연습 문제(pattern practice) │
└─────────────────────────┘

1. 간단한 자기소개 하기. (Introduce oneself briefly / 簡單地自我
   介紹)

2. '~을 한 적이 있다(없다)'를 사용해 말해보기. (Try to use with
   '~을 한 적이 있다(없다)' / 用'~을 한 적이 있다(없다)'說話)

3. '~고 싶다'를 사용해 말해보기. (Try to use with '~ 고 싶다' /
   用'~고 싶다'說話)

제2과

당신의 이름은 무엇입니까?[9)]

What is your name?

你叫什麼名字?

A: 당신[10)]의 이름은 무엇입니까? (What is your name?)
   您叫什麼名字? (您叫什麼名字?)

B: 제 성은 왕 씨이고, 이름은 국안입니다. 당신은요? (My family
   name is Wang, and my first name is Guo- An. And you?)
   我姓王, 名叫國安。 您呢? (我姓王, 名叫国安。 您呢?)

A: 저는 김영호입니다. (I am Kim Youngho.)
   我叫金英浩。 (我叫金英浩。)

B: 중국어를 정말 잘하시네요. (You speak Chinese so well.)
   您的中文太好了。 (您的中文太好了。)

---

9) In practical Korean conversation, we usually say '어떻게 되세요?' instead of '무엇입니까?'.
10) In real conversation, the word '당신' is rarely used. In Korean conversation, the word '당신'
    can sound somewhat rude or formal to the other person.

A: 별 말씀을요. 저의 중국어는 그리 좋지 않습니다. 한국에는 처음 오신겁니까? (No, my Chinese is not so well. Is this your first visit to Korea?)

哪裏, 哪裏。我的中文不怎麼好。 您是第一次來韓國嗎? (哪里, 哪里。 我的中文不怎麽好。 您是第一次来韩国吗?)

B: 그렇습니다. 저는 한국에 처음 왔어요. 그러나 제 여동생과 남동생은 여기 살아요. (Yes it is. This is my first visit to Korea. But my sister and brother live here.)

是, 我是第一次來韓國。 不過我妹妹和弟弟住在這裏。 (是, 我是第一次来韩国。 不过我妹妹和弟弟住在这里。)

A: 그래요? 그들이 어떻게 한국에 살죠? (Really? How come do they live in Korea?)

是嗎? 他們怎麼住在韓國呢? (是吗? 他们怎麽住在韩国呢?)

B: 제 여동생은 한국의 서울에서 일을 하고, 제 남동생은 한국안동 대학교에 다니고 있습니다. (My sister works in Seoul, my brother attends in Andong National University.)

我妹妹在韓國的首爾工作, 我弟弟在韓國安東大學念書。 (我妹妹在韩国的首尔工作, 我弟弟在韩国安东大学念书。)

A: 남동생은 이름이 뭐에요? 저도 안동대학교 학생입니다. (What is your brother's name? I am also a student of Andong National University.)

您的弟弟叫什麼名字? 我也是安東大學的學生。 (您的弟弟叫什麽名字? 我也是安东大学的学生。)

B: 정말요? 그의 이름은 동민이라고 해요. 당신은 안동에 살아요?
(Really? His name is Dongmin. Do you live in Andong?)
眞的嗎? 他叫東民。 你住在安東嗎? (眞的吗? 他叫东民. 你住在安东吗?)

A: 그렇습니다. 저는 안동에 살아요. 그러나 제 고향은 안동이 아닙니다. 당신의 고향은 어디시죠? (Yes. I live in Andong. But my hometown is not Andong. Where is your hometown?)
是, 我住在安東, 不過我的老家不是安東。 您的祖籍是什麼地方?
(是, 我住在安东, 不过我的老家不是安东。 您的祖籍是什麼地方?)

B: 제 고향은 내몽고입니다. 그러나 어릴 때 거길 떠났기 때문에 저도 내몽고를 잘 몰라요. (My hometown is Nei Menggu. But I left there when I was a child, so I don't know well about Nei Menggu either.)
我的老家是內蒙古, 但是我從小就離開了那兒, 所以我也不太了解內蒙古。 (我的老家是内蒙古, 但是我从小就离开了那儿, 所以我也不太了解内蒙古。)

A: 부모님은 현재 어디에 사세요? (Where are your parents living now?)
您的父母親現在住在哪裏呢? (您的父母亲现在住在哪里呢?)

B: 제 모친은 북경에 살지만, 제 부친은 재작년에 돌아가셨어요.
(My mother is living in Beijingow, but my father passed away 2 years ago.)
我母親現在住在北京, 而我父親前年去世了。 (我母亲现在住在北京, 而我父亲前年去世了。)

A: 아, 그러세요? 모친과 함께 자주 한국에 놀러오시길 환영합니다.
(Really? Welcome to Korea with your mother!)
啊, 是嗎? 歡迎您跟母親一起常來韓國玩。 (啊, 是吗? 欢迎您跟母亲一起常来韩国玩。)

B: 감사합니다. (Than you!)
謝謝您。 (谢谢您。)

A: 천만에요[11]. 안녕히가세요! (You are welcome. Goodbye!)
哪裏。 再見! (哪里。 再见!)

B: 안녕히가세요! (Goodbye!)
再見! (再见!)

---

11) In practical Korean conversation, we seldom use '천만에요'. Instead, they use '아니에요', '아닙니다', '뭘요' etc.

1. 감사합니다! (Thank you!) ⇌ '별 말씀을요. (You are welcome.
   or Not at all.)' or '천만에요. (Not at all.)' or '아닙니다(아니에
   요)(Not at all.).'

2. 나는 ~에 살고 있다. (I live in ~ / 我住在~)

연습 문제(pattern practice)

1. 상대방의 이름 물어보고 답하기(Ask and answer the name of
   the other side)
ex) '성함이 어떻게 되세요?' - '저는 김영민이라고 합니다.' or
   '저는 김영민입니다.' or '제 이름은 김영민입니다.' (您貴姓?,
   你叫什麼名字?, 您的大名是?)

2. 가족구성원을 한국어로 말하기(Family members in Korean)
ex) 아버지(부친, 父親, father), 어머니(모친, 母親, mother), 누나,
   언니(姐姐, sister), 동생(弟弟, brother)

3. 상대방에게 고향(주소) 물어보기(Asking hometown(address))
ex) '고향이 어디에요? (Where is your hometown?)', '어디에 사
   세요? (Where do you live?)'

제3과

봄이 왔습니다.

Spring has come.

春天到了.

A(이민호): 봄이 왔어, 날씨가 따뜻해지기 시작했어. (Spring has come. The weather has started to be warming.)
春天到了。 天氣開始變暖了。 (春天到了。天气开始变暖了。)

B(김진희): 맞아. 나는 봄이 참 좋아. (That's right. I like spring very much.)
對, 我很喜歡春天。 (对, 我很喜欢春天。)

A: 나도 봄이 참 좋아. (I like spring very much too.)
我也很喜歡春天。 (我也很喜欢春天。)

B: 민호, 넌 왜 봄이 좋아? (Minho, why do you like spring?)
民浩, 你爲什麽喜歡春天? (民浩, 你为什麽喜欢春天?)

A: 왜냐하면 나는 따뜻한 날씨가 좋거든. (Because I like warm weather.)

因爲我喜歡暖的天氣。 (因为我喜欢暖的天气。)

B: 나도 봄에 날씨가 따뜻하니 참 좋아. (I like it too because the weather is warm in spring.)

我也很喜歡春天天氣暖。 (我也很喜欢春天天气暖。)

A: 내 생각엔 많은 사람들이 봄을 좋아할 것 같아. (I think everyone will like the spring.)

我想人人都會喜歡春天吧。 (我想人人都会喜欢春天吧。)

B: 맞아. 봄이 오면 사람들이 모두 기뻐하는 것 같이 보이더라. (You are right. When spring has come, everybody seems very happy.)

對啊, 到了春天, 大家看起來都很高興。 (对啊, 到了春天, 大家看起来都很高兴。)

A: 그건 왜냐하면 봄은 나들이 하기에 좋은 계절이기 때문이지. (That is because spring is a good season for picnic.)

那是因爲春天是郊遊的好季節。 (那是因为春天是郊游的好季节。)

B: 사실, 모든 계절에는 모두 좋은 점들이 있어. (In fact, every season has its merits.)

其實, 每個季節都有它的好處。 (其实, 每个季节都有它的好处。)

A: 맞아, 한국의 춘하추동은 모두 아름다워. (Yes, the four seasons of Korea are all beautiful.)

對, 韓國的春夏秋冬都很美。 (对, 韩国的春夏秋冬都很美。)

B: 나도 동의해, 그렇지만 난 겨울은 싫어. (I agree too. But I don't like winter.)

我同意, 但是, 我討厭冬天。 (我同意, 但是, 我讨厌冬天。)

A: 왜? (Why?)

爲什麼呢? (为什麼呢?)

B: 왜냐하면 난 추위가 너무 두려워. (Because I am afraid of cold wether.)

因爲我太怕冷。 (因为我太怕冷。)

A: 나도 추운 날씨가 싫어, 하지만 겨울에 눈이 내리는 것은 참 좋아. (I hate cold weather too, but I like snowing in winter.)

我也不喜歡冷的天氣, 但是我很喜歡冬天下雪。 (我也不喜欢冷的天气, 但是我很喜欢冬天下雪。)

B: 사실, 나도 눈이 내리는 것이 싫진 않아. 다만 추위는 두려워. (As a matter of fact, I don't dislike snowing but I am afraid of being cold.)

其實, 我也不討厭下雪, 只是害怕冷。 (其实, 我也不讨厌下雪, 只是害怕冷。)

A: 보아하니, 너 몸이 좀 안 좋은 것 같네. (Seemingly, you look weak a little.)

看起來, 你身體不太好。 (看起来, 你身体不太好。)

B: 그래, 난 몸이 너무 약해. 운동을 좀 많이 해야 해. (Right. I am very weak. I have to do exercise a lot.)

對, 我身體太弱, 應該多運動。 (对, 我身体太弱, 应该多运动。)

A: 우리 같이 운동하는 건 어때? (How about doing exercise together?)

我們一起運動, 好不好? (我們一起運動, 好不好?)

B: 그것 참 좋네. (That's very good.)

那太好了。 (那太好了。)

한국어 구문 익히기(Learn Korean phrases)

1. 당신은 왜 봄을 좋아합니까? (Why do you like spring? / 你爲什麼喜歡春天?)

2. 왜냐하면 저는 따뜻한 날씨를 좋아하기 때문입니다. (Because I like warm weather. / 因爲我喜歡暖的天氣.)

1. '왜'로 묻고 '왜냐하면'으로 답하기. (Ask 'why' and answer 'because' / 問'爲什麼'回答'因爲')

2. '보아하니'를 사용해 말하기. (Speak using '보아하니' / 用'看起來'說話)

3. '사실(은)'을 사용해 말하기. (Speak using '사실(은)' / 用'其實'說話)

4. '내(제) 생각엔'을 사용해 말하기. (Speak using '내(제) 생각엔' / 用'我想'說話)

제4과

당신은 음악을 좋아합니까?

Do you like music?

你喜歡音樂嗎?

A(김영호): 수아 씨, 음악을 좋아하세요? (Sua! Do you like music?)
張小姐, 你喜歡音樂嗎? (张小姐, 你喜欢音乐吗?)

B(장수아): 네, 저는 음악을 참 좋아합니다. (Yes, I like music very much.)
是, 我很喜歡音樂。 (是, 我很喜欢音乐。)

A: 무슨 음악을 좋아하나요? 한국음악입니까 아니면 외국음악입니까? (What kind of music do you like? Korean music or foreign music?)
你喜歡什麼音樂呢? 韓國音樂還是外國音樂? (你喜欢什麼音乐呢? 中国音乐还是外国音乐?)

B: 저는 모두 좋아합니다. 영호 씨는요? (I like both. And you?)
我都喜歡。 你呢? (我都喜欢。 你呢?)

A: 저는 한국음악을 비교적 좋아합니다. 수아 씨, 노래 부르는 것도 좋아하나요? (I like Koran music better. Sua, do you like singing too?)

我比較喜歡中國音樂。 張小姐, 你也喜歡唱歌嗎? (我比较喜欢中国音乐。 张小姐, 你也喜欢唱歌吗?)

B: 좋아합니다. 김 선생님, 노래 잘 부르세요? (Yes, I do. Mr. Kim, are you good at singing?)

喜歡。 金先生, 你會唱歌嗎? (喜欢。 金先生, 你会唱歌吗?)

A: 저는 노래 부르길 매우 좋아합니다. 수아 씨, 우리 함께 노래방에 가서 노래 부르는 것이 어때요? (I love to sing. Sua, Why don't we go to a karaoke room[Noraebang] and sing?)

我非常喜歡唱歌。 張小姐, 我們一起去歌廳唱歌, 好嗎? (我非常喜欢唱歌。 张小姐, 我们一起去歌厅唱歌, 好吗?)

B: 좋습니다. 저는 오랫동안 노래방에 간 적이 없습니다. (Good. I haven't been to Noraebang for a long time.)

好的。 我很久沒去過歌廳了。 (好的。 我很久没去过歌厅了。)

A: 수아 씨, 지금 배고파요? (Sua, are you hungry now?)

張小姐, 你現在餓不餓? (张小姐, 你现在饿不饿?)

B: 좀¹²⁾ 고파요. (I am a little starving.)

我有點兒餓。 (我有点儿饿。)

---

12) Here '좀' is a short form of '조금', which means 'a little'.

A: 그럼 우리 먼저 밥을 먹고 그 후에 노래방 가는 것이 어때요?
(Well, Why don't we go to the karaoke after eating first?)
那麼, 我們先吃飯, 然後去歌廳, 好不好? (那麼, 我们先吃饭, 然后去歌厅, 好不好?)

B: 좋아요. 우리 어디서 식사를 하죠? 식당은 여기서 머나요? (Okay, where shall we eat? Is the restaurant far from here?)
好啊。 我們在哪兒吃飯呢? 餐廳離這兒遠不遠? (好啊。 我们在哪儿吃饭呢? 餐厅离这儿远不远?)

A: 저도 잘 몰라요. 우리 가장 가까운 식당에서 먹는 게 어때요? (I don't know either. Why don't we eat at a nearby restaurant?)
我也不太清楚。 我們去最近的餐廳吃, 好嗎? (我也不太清楚。 我们去最近的餐厅吃, 好吗?)

B: 좋아요. 우리 아무거나¹³⁾ 먹어요. 김 선생님, 자주 노래방에 가서 노래 불러요? (Good. Let's just eat something. Do you go to the karaoke and sing often?)
好的. 我們隨便吃點吧。 金先生, 你經常去歌廳唱歌嗎? (好的。 我们随便吃点吧。 金先生, 你经常去歌厅唱歌吗?)

A: 저도 거기에 자주 가진 않아요. (I have't been there often.)
我也不常去那兒。 (我也不常去那儿。)

---

13) '아무거나' means 'randomly(닥치는 대로)' or 'without choice(이것 저것 선택할 것 없이)'. So '우리 아무거나 먹어요.' means When you're hungry or in a difficult situation, eat whatever you see. (배가 고프거나 어려운 사정 따위에 처했을 때 이것 저것 가릴 것 없이 눈에 띄거나 보이는 대로 먹다.)

B: 중국에서 저는 그런 곳에 간 적이 거의 없어요. (In China, I have never been to such a place.)

我在中國很少去那種地方。 (我在中国很少去那种地方。)

A: 노래방은 한국에서는 매우 인기가 있어요. 저는 가끔 거기 가서 기분 전환을 합니다. (Karaoke is very popular in Korea. Sometimes I go there and refresh myself.)

歌廳在韓國非常流行。 我偶爾去那兒散散心。(歌厅在韩国非常流行。 我尔去那儿散散心。)

B: 좋습니다. (That's good.)

好啊。 (好啊。)

한국어 구문 익히기(Learn Korean phrases)

1. 나는 비교적~. (I am relatively~. / 我比較~.)

2. 당신은 A를 좋아합니까 아니면 B를 좋아합니까? (Do you like A or B? / A還是B?)

3. 먼저~ 하고 다음에~ 하다. (First ~ then ~ / ~ 然後~.)

4. A는 B에서 멀다(가깝다). (A is far from B, A is close to B / A離B很遠(近).)

5. 거의~ 하지 않다. (Hardly ~ / 很少~.)

1. '비교적'을 사용해 말하기. (Speak using '비교적' / 用'比較'說話)

2. '먼저'와 '다음에'를 사용해 말하기. (Speak using '먼저' and '다음에' / 用'先'和'然後'說話)

3. 'A는 B에서 머나요?'를 사용해 말하기. (Speak using 'A is far(close) from(to) B?' / 用'A離B遠(近)'說話)

4. '거의~ 하지 않다'를 사용해 말하기. (Speak using '거의~ 하지 않다' / 用'很少'說話)

제5과

이것 얼마죠?

How much is this?

這多少錢?

A(이민호): 주인 아저씨, 이 물건 얼마죠? (Master, How much is this stuff?)

老闆, 這東西多少錢? (老板, 这东西多少钱?)

B(상점 주인): 하나에 만 원입니다. (Ten thousand won for one.)

一個一萬塊錢。 (一个一万块钱。)

A: 하나에 만 원이라고요? 너무 비싸군요. 좀 싸게 해주세요! (Ten thousand won for one? It is too expensive. Please give me some discount!)

一萬塊錢一個? 太貴了。 算便宜點兒吧! (一万块钱一个? 太贵了。算便宜点儿吧!)

B: 안 됩니다, 하나에 만 원도 싸요. (No, Ten thousand won for one is cheap enough.)

不行, 一萬塊錢一個已經很便宜了。 (不行, 一万块钱一个已经很便宜了。)

A: 하나에 팔천 원 어때요? (How about eight thousand won for one?)

八千塊錢一個, 怎麼樣? (八千块钱一个, 怎么样?)

B: 안 돼요, 하나에 팔천 원이면 본전도 안 돼요. (It is impossible. Eight thousand won for one don't even get the principal back.)

不行, 八千塊錢一個的話, 連本錢也不夠。 (不行, 八千块钱一个的话, 连本钱也不够。)

A: 다섯 개 사려는데 모두 얼마죠? (I want to buy 5. How much are all?)

我要買五個。 一共多少錢? (我要买五个。 一共多少钱?)

B: 다섯 개 사신다면 원래 오만(50,000) 원이지만 제가 특별히 사만 오천(45,000) 원에 드리겠습니다. (If you want to buy 5, it is originally fifty thousand won but I will give you forty thousand won specially.)

你買五個的話, 本來是五萬塊錢。 但是我特別給你優惠就賣四萬五千塊錢。 (你买五个的话, 本来是五万块钱。 但是我特别给你优惠就卖四万五千块钱。)

A: 감사합니다. 이것보다 싼 물건도 있나요? (Thank you. Do you have cheaper one than this?)

謝謝。 有沒有比這更便宜的東西? (谢谢。 有没有比这更便宜的东西?)

B: 있긴 하지만 그것만큼 멋지진 않아요. (Yes, I have but they are not as beautiful as it is.)
有是有, 但是沒有它漂亮。 (有是有, 但是没有它漂亮。)

A: 할인하는 상품도 있나요? (Are there some cut-price goods?)
有沒有打折的商品? (有没有打折的商品?)

B: 있어요. 저것들은 모두 이십(20) 퍼센트 세일합니다. 어때요? (Yes. They are all 20% off. Do you like them?)
有, 那些都打8折。 你看怎麼樣? (有, 那些都打8折。 你看怎么样?)

A: 싸긴 한데 품질이 안 좋아 보이네요. (It's cheap, but they do not look good.)
便宜是便宜。 不過, 品質不像好。 (便宜是便宜。 不过, 品质不像好。)

B: 그렇지 않습니다. 우리 가게의 상품들은 모두 좋아요. 제가 보증할 수 있어요. (No, All of our products are good. I can guarantee that.)
不, 我們店的商品都是好的。 我可以保證。 (不, 我们店的商品都是好的。 我可以保证。)

A: 좋아요, 다섯 개를 살게요. (그것들을) 포장해주세요. (Okay. I buy 5. Please pack them.)

好, 我買5個. 請給我包裝吧。 (好, 我买5个. 请给我包装吧。)

B: 알겠습니다. 합계 사만 오천(45000)원입니다. (Okay. The total is 45 thousand won.)

好啊。 總共45000塊錢。 (好啊。 总共45000块钱。)

A: 감사합니다. (Thank you.)

謝謝。 (谢谢。)

B: 네, 안녕히가세요. (You are welcome. Bye!)

哪裏, 再見。 (哪里, 再见。)

한국어 구문 익히기(Learn Korean phrases)

1. 이것 얼마죠? (이것 얼마에요?) (How much is this? / 這多少錢?)

2. ~ 조차도(even~ / 連~ 也)

3. A는 B보다 (더) ~하다. (A is better than B / A比B(更)~)

ex) 이것은 저것보다 (더) 싸요. (This is cheaper than that / 這比那個(更)便宜)

4. A는 B보다(or 만큼) ~ 하지 못하다. (A is not better than B
   / A沒有B~)

ex) 이것은 저것만큼(or 보다) 싸지 않아요. (This is not as cheap
   as that / 這沒有那個便宜)

연습 문제(pattern practice)

1. 물건 값을 물어보고 답하기. (ask and answer the price of
   things)

2. 물건 값을 흥정하기. (haggle over the price)

3. 할인율 말하기. (Speak using discount rate)

4. '~는 ~보다 ~하다'를 사용해 말하기. (Speak using '~는 ~보
   다 ~하다')

5. '~는 ~보다 ~하지 못하다'를 사용해 말하기. (Speak using '~
   는 ~보다 ~하지 못하다')

제6과

우리학교에는 외국인 학생이 많아요

There are many foreign students in our school.

我們學校外國學生很多.

A(김수현): 여름방학이 다 돼서 기분이 좋아. (I am very happy the summer vacation is coming soon.)
很高興暑假快到了。 (很高兴暑假快到了。)

B(한가인): 여름방학 기간에 너는 무슨 계획이 있어? (In summer vacation, what plan do you have?)
暑假期間, 你有什麼計劃? (暑假期间, 你有什么计划?)

A: 나는 여름방학을 이용해 외국어 능력을 보충할 생각이야. (I want to improve my foreign language ability.)
我想趁這暑假補習外文。 (我想趁这暑假补习外文。)

B: 어떻게 외국어 능력을 보충할 계획인데? (How do you want to improve your foreign language ability?)
你打算怎麼補習外文呢? (你打算怎么补习外文呢?)

A: 나는 외국인 친구를 찾아 언어 교환을 할 생각이야. (I want to find some foreigners and do language exchange.)
我想找外國朋友交換語言。 (我想找外国朋友交换语言。)

B: 그래, 그것도 외국어를 배우는 좋은 방법이지. (Good. That is a good way of learning foreign languages.)
對, 那也是學外文的好方法。 (对, 那也是学外文的好方法。)

A: 너희 학교에 외국인 유학생들이 있니? (Are there any foreign students in your university?)
你們學校有外國留學生嗎? (你们学校有外国留学生吗?)

B: 우리 학교엔 외국인 유학생들이 매우 많아. (There are so many foreign students in our school.)
我們學校有很多外國留學生。 (我们学校有很多外国留学生。)

A: 참, 최근 한국 대학교엔 외국인 유학생들이 적지 않지. (Yes, recently there are many foreign students in Korean universities.)
對, 最近在韓國的大學裏有不少的外國留學生。 (对, 最近在韩国的大学里有不少的外国留学生。)

B: 그래, 그 숫자가 갈수록 늘어나. (Yes, the number is getting bigger and bigger.)
對, 他們的人數越來越多。 (对, 他们的人数越来越多。)

A: 넌 외국으로 유학 안 가고 싶니? (Don't you want to study abroad?)

你不想去外國留學嗎? (你不想去外国留学吗?)

B: 가고 싶은데 집안 형편이 안 돼. 넌? (I want to go, but I can not afford it.)
我想, 但是家裏供不起。 你呢? (我想, 但是家里供不起。 你呢?)

A: 우리 부모님도 내가 외국에 유학 가는 걸 원하지 않으셔. (My parents don't want me to study abroad either.)
我父母親也不太願意我去外國留學。 (我父母亲也不太愿意我去外国留学。)

B: 왜지? (Why?)
爲什麼呢? (为什么呢?)

A: 내가 걱정이 돼서 그래. (They are worried about me.)
他們不放心我。 (他们不放心我。)

B: 너한테 문제라도 생길까봐 그러니? (Are they afraid there will be a problem with you?)
怕你出事嗎? (怕你出事吗?)

A: 그래, 우리 집엔 나 혼자거든. (Right, I am the only child in my home.)
對, 我家只有我一個。 (对, 我家只有我一个。)

B: 사실, 그렇게 걱정 안 해도 돼. 기숙사에 살면 안전해. (In fact, they need not worry so much. Living in a dormitory is safe.)

其實, 不必那麼擔心, 住宿舍很安全。 (其实, 不必那么担心, 住宿舍很安全。)

A: 그래? (Really?)
是嗎? (是吗?)

B: 그래. 부모님을 좀[14] 설득해봐. (Yes, try to convince your parents.)
是的, 你勸勸他們吧。 (是的, 你劝劝他们吧。)

한국어 구문 익히기(Learn Korean phrases)

1. ~ 해서 기쁘다. (glad to ~ / 很高興~)
ex) 그가 와서 기쁩니다. (I am glad he comes. / 很高興他來.)

2. ~을 이용해 (using~ / 趁~)
ex) 나는 여름방학을 이용해 유럽에 갈 예정이다. (I am going to Europe during the summer vacation. / 我趁暑假想要去歐洲.)

3. 갈수록 ~하다. (becoming more and more~ / 越來越~)
ex) 비는 갈수록 많이 내렸다. (It rained more and more. / 雨下得越來越大.)
그는 갈수록 살이 쪘다. (He was getting fatter. / 他越來越胖.)

---

14) '좀' is short form of '조금'. In here, it is meant to try something. For example, '이 옷 좀 입어봐도 될까요?'(May I wear this dress?). ['좀'은 '조금'의 줄임말이다. 여기서는 무슨 일을 시도하고자 하는 의미를 지니고 있다. 이를테면 '제가 이 옷 좀 입어봐도 될까요?']

4. ~하고 싶습니까? (Do you want to~? / 你想不想~)

ex) 한국어를 배우고 싶습니까? (Do you want to study Korean? / 你想不想學韓文?)

연습 문제(pattern practice)

1. '당신은 유학을 가고 싶습니까?'를 사용해 서로 묻고 대답하기. (ask and answer using '당신은 유학을 가고 싶습니까?')

2. '갈수록 ~하다'를 사용해 말해보기. (Speak using '갈수록 ~하다')

3. '~을 이용해'를 사용해 말하기. (Speak using '~을 이용해')

4. '~하고 싶습니까?'를 사용해 말하기. (Speak using '~하고 싶습니까?')

제7과

실례지만, 이 버스는 한국은행에 갑니까?

Excuse me, Does this bus go to the Bank of Korea?

請問, 這公車有沒有到韓國銀行?

A(김진호): 오늘 나는(저는) 은행에 가서 환전하려고 합니다. (Today
　　　　 I am going to the bank to exchange money.)
　　　　 今天我要去銀行換錢。 (今天我要去银行换钱。)

B(이수민): 무슨 돈을 바꾸려고 해요? (What kind of money do you
　　　　 want to exchange?)
　　　　 你要換什麼錢? (你要换什么钱?)

A: 미국 달러를 한국 원화로 바꾸려고 합니다. (I am going to
　 convert US dollars into Korean won.)
　 我想用美金換韓幣。 (我想用美金换韩币。)

B: 한국은행이 어디에 있는지 아세요? (Do you know where the
　 Bank of Korea is?)

你知道韓國銀行在哪兒嗎? (你知道韩国银行在哪儿吗?)

A: 잘 몰라요. 여기서 멀어요? 학교에서 한국은행까지 얼마나 멀죠? (I don't know exactly. Is it far from here? How far is it from school?)
我不知道。 離這兒遠嗎? 從學校到韓國銀行多遠? (我不知道。 离这儿远吗? 从学校到韩国银行多远?)

B: 그리 멀진 않아요. 학교 정문에서 11번 버스를 타고 종점에서 내리면 돼요. (Not so far. You can take bus number 11 from the front gate of the school and get off at the terminal station.)
不太遠。 你在學校正門坐11路公車, 然後在終點站下車就行了。 (不太远。 你在学校正门坐11路公车, 然后在终点站下车就行了。)

A: 걸어가면 얼마나 걸려요? (How long does it take to walk there?)
走路大概要花多長時間? (走路大概要花多长时间?)

B: 그 길은 걸어가면 불편해요. 그래도 걸으려고 하면 적어도 30분은 걸려요. (The road is uncomfortable to walk. But if you want to walk, it takes at least 30 minutes to walk.)
走路不太方便。 但是你如果要走, 起碼要30分鐘。 (走路不太方便。 但是你如果要走, 起码要30分钟。)

A: 고마워요. (Thank you.)
謝謝你啊。 (谢谢你啊。)

B: 아니에요. (You are welcome.)

哪裏。 (哪里。)

A: (자동차 기사에게) 실례지만[15] 이 버스 한국은행에 갑니까? (Excuse me, Does this bus go to The Bank of Korea?)

請問, 這公車有沒有到韓國銀行的? (请问, 这公车有没有到韩国银行的?)

B: 안 가요. 맞은편에서 타세요. (No, You should get on the other side.)

沒有。 你應該在對面坐。 (没有。 你应该在对面坐。)

A: 감사합니다, 기사 아저씨. (Thank you, sir.)

謝謝師傅。 (谢谢师傅。)

B: 천만에요. (You are welcome.)

不客氣。 (不客气。)

A: (차를 탑승한 후) 기사 아저씨, 한국은행에서 내리려면 몇 정거장 남았죠? (Excuse me sir, How many stations are there to get off at the Bank of Korea?)

師傅, 離韓國銀行還有幾站? (师傅, 离韩国银行还有几站?)

B: 아직 두 정거장이 남았어요. (You still have two stops left.)

---

15) '실례지만' is from '실례합니다(or 실례하겠습니다)'. It means '실례합니다 그렇지만(Excuse me but)'. '실례' is from chonese '失禮'. '실례합니다' is a polite expression used when first talking to a stranger. ('실례합니다'는 낯선 상대에게 처음 말을 걸 때 사용하는 정중한 표현법이다.)

還有兩站。 (还有两站。)

A: (은행에서)안녕하세요, 달러를 원화로 바꾸려고 합니다. (Hi, I am going to convert US dollars into Korean won.)
你好, 我要把美金換成韓幣。 (你好, 我要把美金换成韩币。)

B: 네, 얼마나 바꾸려고요? (Okay, How much money do you want to exchange?)
好的, 你要換多少? (好的, 你要换多少?)

A: 1,000 달러를 바꾸려고 합니다. (I would like to exchange 1000 dollars.)
我要換1,000塊美金。 (我要换1000块美金。)

B: 알겠습니다, 당신의 여권을 (제게) 좀 보여주실래요? (Okay, show me your passport please.)
好, 請把您的護照給我看一下。 好嗎? (好, 请把您的护照给我看一下, 好吗?)

한국어 구문 익히기(Learn Korean phrases)

1. A를 B로 바꾸다. (exchange A for B / 把A換成B)
ex) 저는 유로화를 원화로 바꾸려고 합니다. (I want to exchange the Euro for the won. / 我想要把歐元換成韓元.)

2. ~에서 ~까지 (from~to~ / 從~到~)

ex) 서울에서 부산까지. (from Seoul to Busan. / 從首爾到釜山)

3. 얼마나 걸립니까? (How long does it take? / 多長時間)

ex) 서울에서 부산까지 얼마나 걸립니까? (How long does it take from Seoul to Busan? / 從首爾到釜山多長時間?)

4. 얼마나 멉니까? (How far is it? / 多遠?)

ex) 서울에서 부산까지 얼마나 멉니까? (How far is it from Seoul to Busan? / 從首爾到釜山多遠?)

5. ~에서 ~까지 ~로 얼마나 걸립니까? (How long does it take from~ to~ by~? / 坐~從~到~需要多長時間)

ex) 서울에 서부산까지 버스로 얼마나 걸립니까? (How long does it take from Seoul to Busan by bus? / 坐公車從首爾到釜山需要多長時間?)

연습 문제(pattern practice)

1. '~에서 ~까지는 얼마나 멉니까?'를 사용해 서로 묻고 대답하기. (ask and answer using '~에서 ~까지는 얼마나 멉니까?')

2. '~에서 ~까지는 ~로 얼마나 걸립니까?'를 사용해 서로 묻고 대답하기. (ask and answer using '~에서 ~까지는 ~로 얼마나 걸립니까?')

3. 'A를 B로 바꾸다'를 사용해 말해보기. (Speak using 'A를 B로 바꾸다')

제8과

나는 매일 학교 식당에서 밥을 먹습니다.

I eat every day at the school cafeteria.

我每天在學校食堂吃飯.

A(김현철): 데이비드 씨, 점심 식사 하셨어요? (Hi, David, did you have lunch?)

戴維, 你吃午飯了嗎? (戴维, 你吃午饭了吗?)

B(David): 김선생님, 안녕하세요. 저는 아직 안 했어요. 우리 같이 식사할까요? (Hello, Mr. Kim, I haven't eaten yet. Shall we eat together?)

金先生, 你好! 我還沒吃。 我們一起吃飯, 好不好?

(金先生, 你好! 我还没吃。 我们一起吃饭, 好不好?)

A: 좋습니다. 데이비드 씨는 매일 어디서 식사하세요? (Good, David, where do you eat everyday?)

好啊。 你每天在哪兒吃飯? (好啊。 你每天在哪儿吃饭?)

B: 저는 매일 학교 식당에서 밥을 먹습니다. 김 선생님은요? (I eat

at the school cafeteria every day. And you?)

我每天在學校食堂吃飯。 你呢? (我每天在学校食堂吃饭。 你呢?)

A: 저는 거의 매일 집에서 밥을 먹습니다. (I eat at home almost every day.)

我幾乎每天都在家吃飯。 (我几乎每天都在家吃饭。)

B: 매일 집에서 식사하시면 불편하지 않나요? (Isn't it uncomfortable to eat at home every day?)

每天在家吃飯不覺得很不方便嗎?

(每天在家吃饭不觉得很不方便吗?)

A: 저는 불편한 게 없지만 제 아내가 아마도 불편하게 생각할 겁니다. (I am not uncomfortable, but my wife would probably be uncomfortable.)

我倒不覺得很不方便, 不過我太太也許會覺得很不方便吧。

(我倒不觉得很不方便, 不过我太太也许会觉得很不方便吧。)

B: 한국의 가정주부들은 모두 집에서 요리를 하나요? (Do all the housewives in Korean cook at home?)

韓國的家庭主婦都在家做菜嗎? (韩国的家庭主妇都在家做菜吗?)

A: 꼭 그렇지는 않아요. 어떤 주부들은 밖에서 일을 하느라 집에서 음식을 만들 시간이 없어요. (Not necessarily. Some housewives work outside and they don't have time to cook food at home.)

不一定, 有的太太在外工作, 所以沒有足夠的時間在家做菜。

(不一定，有的太太在外工作，所以没有足够的时间在家做菜。)

B: 김 선생님, 요리할 줄 아세요? 제가 알기로는 보통 한국 남성들은
요리를 잘 못한다고 들었어요. (Mr. Kim. Do you know how to
cook? I know that Korean men are not good at cooking.)
金先生, 你會做菜嗎? 我知道一般的韓國男人都不太會做菜。
(金先生, 你会做菜吗? 我知道一般的韩国男人都不太会做菜。)

A: 네, 그다지 잘하지 못해요. 하지만 간혹 아내가 집에 없으면 제가
스스로 음식을 몇 가지 만들어 먹기도 해요. (No, I am not good
at it. But sometimes when my wife is not at home, I make
some food myself.)
我不太會。　但有時候我太太不在家時, 我自己做幾個菜就吃飯。
(我不太会。　但有时候我太太不在家时, 我自己做几个菜就吃饭。)

B: 다행이네요, 그래도 음식을 할 줄 아신다니. (It is good you know
how to cook.)
不錯嘛. 你還會做菜。　(不错嘛. 你还会做菜。)

A: 그러나 옛날 한국 남성들은 (생각하길) 남자가 집에서 요리하는
것이 좀 창피한 일이라고 여겼어요. (But old Korean men thought
it was a little embarrassing for a man to cook at home.)
但是以前的韓國男人覺得男人在家做菜是有點丟臉的事。
(但是以前的韩国男人觉得男人在家做菜是有点丢脸的事。)

B: 하지만 지금의 한국 남성들은 옛날과 달리 가사 일을 많이 한다

고 들었어요, 그렇죠? (But nowadays I heard that Korean men are doing a lot of household work. Is it right?)

但是現在的韓國男人跟以前不一樣, 都會做家事, 是嗎?

(但是现在的韩国男人跟以前不一样, 都会做家事, 是吗?)

A: 그렇습니다. 차이는 좀 있지만 그들은 모두 가사 일을 할 줄 압니다. (Yes, it is. There are some differences but they all do housework.)

是。 多多少少他們都會做。 (是。 多多少少他们都会做。)

B: 김 선생님은 요리를 잘하세요? 음식이 맛이 있나요? (Mr. Kim, Do you know how to cook? Is the food delicious?)

金先生, 你做菜做得怎麼樣? 好不好吃呢?

(金先生, 你做菜做得怎么样? 好不好吃呢?)

A: 저는 제가 한 요리가 정말 맛이 없다고 생각하지만 제 아내는 제가 한 음식을 잘 먹어요. (I don't think my dishes are really good, but my wife eats well.)

我覺得自己做菜做得很難吃, 不過我太太喜歡吃我做的菜。

(我觉得自己做菜做得很难吃, 不过我太太喜欢吃我做的菜。)

B: 그럼 자주 아내를 위해 요리하시면 되겠네요, 하하! (Then you can cook for your wife often. Haha!)

那你經常爲她做菜好了。 哈哈! (那你经常为她做菜好了。 哈哈!)

1. 우리 같이 ~할까요? (How about~ / 我們一起~, 好不好?)
ex) 우리 같이 갈까요? (How about we go together? / 我們一起
走, 好不好?)

2. 나는 매일 ~에서 ~을 한다(I do ~ at ~ everyday / 我每天在~ ~)
ex) 나는 매일 학교에서 운동한다. (I exercise at school every
day. / 我每天在學校運動.)

3. ~하는 것이 불편하지 않으세요? (Isn't it inconvenient to do ~?
/ ~不覺得很不方便嗎?)
ex) 매일 버스를 타는 것이 불편하지 않으세요? (Isn't it uncomfor
table to take a bus every day? / 你每天坐公車不覺得很不方
便嗎?)

4. ~할 시간이 없다. (have no time to ~ / 沒有時間做~)
ex) 나는 집에서 운동할 시간이 없다. (I don't have time to
exercise at home. / 我沒有時間在家做運動.)

연습 문제(pattern practice)

1. '우리 같이 ~할까요?'를 사용해 서로 묻고 대답하기. (ask and
answer using '우리 같이 ~할까요?')

2. '나는 매일 ~에서 ~을 한다.'를 사용해 말해보기. (Speak using '나는 매일 ~에서 ~을 한다.')

3. '~하는 것이 불편하지 않으세요?'를 사용해 서로 묻고 답하기. (ask and answer using '~하는 것이 불편하지 않으세요?')

4. '~할 시간이 없다.'를 사용해 말해보기. (Speak using '~할 시간이 없다.')

제9과

요즘 어떻게 지내세요?

How are you recently?

最近過得怎麼樣?

A(Mariana): 최 선생님, 오랜만입니다. 요즘 어떻게 지내세요? (Mr. Choi, Long time no see! How are you?)

崔老師, 好久不見! 您最近過得怎麼樣?

(崔老师, 好久不见! 您最近过得怎么样?)

B(최 교수): 마리아나 씨, 반가워요! 우리 오랫동안 못 만났군요. 요즘 한국어 배우는 일은 잘 되나요? (Hi, Mariana, Glad to see you! We haven't met for a long time. How is learning Korean these days?)

很好。 我們好久沒見過面。 最近韓文學得怎麼樣?

(很好。 我们好久没见过面。 最近韩文学得怎么样?)

A: 아직도 어렵게 느껴져요. (I still feel difficult.)

還是覺得很難。 (还是觉得很难。)

B: 가장 어렵게 느껴지는 점이 무엇이죠? (What do you find most difficult?)

你覺得最難的地方是什麼? (你觉得最难的地方是什么?)

A: 발음이 가장 어렵고, 어휘도 기억하기가 쉽지 않아요. (Pronunciation is the hardest and vocabulary is not easy to remember.)

發音最難, 而且辭彙也不容易記住。

(发音最难, 而且词汇也不容易记住。)

B: 발음은 천천히 좋아질 겁니다. 한국어 어휘를 배울 때에는 한자와 함께 공부하세요. 한국어는 한자와 함께 공부하는 것이 효과적입니다. (Pronunciation will improve slowly. When you learn Korean vocabulary, study with Chinese characters. It is an effective way to study Korean with Chinese characters.)

發音是慢慢兒就會好的。 學習韓語詞彙時, 要同時學習漢字。 同時學習韓語和漢字是學習韓語的有效方法。

(发音是慢慢儿就会好的。 学习韩语词汇时, 要同时学习汉字。 同时学习韩语和汉字是学习韩语的有效方法。)

A: 선생님 말씀은 한자를 공부하는 것이 한국어를 배우는 기초라는 말씀이시죠? (Are you saying that studying Chinese characters is the foundation for learning Korean?)

您的意思是學習漢字是學韓文的基礎, 是吧?

(您的意思是学习汉字是学韩文的基础, 是吧?)

B: 맞아요. 한국어에서 한자어가 차지하는 비율은70~80 퍼센트 정

도입니다. (In Korean language, Chinese characters account for 70- 80 percent of the total.)
對, 汉字占韓語总数的70- 80％。
(对, 汉字占韩语总数的70- 80％。)

A: 최 선생님, 현재 중국인들이 사용하는 한자는 한국과 다르죠, 그렇죠? (Mr. Choi, The Chinese characters recently used by Chinese people are different from Koreans, right?)
崔老師, 現在中國人使用的漢字跟你們不一樣, 是吧?
(崔老师, 现在中国人使用的汉字跟你们不一样, 是吧?)

B: 그렇습니다. 그런데 비록 중국인들이 현재 사용하는 것은 간체자이지만 간체자와 번체자는 기본적으로 큰 차이가 없어요. (Yes, but although the Chinese are currently using Simplified Chinese, Simplified Chinese and Traditional Chinese are not much different.)
對, 可是, 雖然中國人現在用的是簡體字,但是簡體字與繁體字基本上沒有很大的差別。
(对, 可是, 虽然中国人现在用的是简体字, 但是简体字与繁体字基本上没有很大的差别。)

A: 선생님 말씀이 틀리진 않아요. 하지만 어떤 경우엔 간체자와 번체자의 자형이 완전히 다르기도 합니다. (You are not wrong, but In some cases, the shapes of Simplified and Traditional Chinese are completely different.)
您說得沒有錯。 不過, 有的時候, 簡體字與繁體字的字形完全不一樣。(您说得没有错。 不过, 有的时候, 简体字与繁体字的字形完全不一样。)

B: 그 말도 맞아요. 이것이 바로 당신과 같은 외국인이 한자를 배우는데 어렵게 느껴지는 부분이죠. (That's right too. This is the reason why foreigners like you find it difficult to learn Chinese characters.)

說得也是。 這就是你們外國人學漢字覺得很困難的地方, 是吧?
(说得也是。 这就是你们外国人学漢字觉得很困难的地方, 是吧?)

A: 맞습니다. 그러면 한국인들은 한자어를 많이 사용하기 때문에 중국어를 배우는 것이 쉬워요? (You are right. Then Koreans use Chinese characters a lot, so learning Chinese is easy?)

對, 那麼你們韓國人使用很多漢字, 所以學中文很容易嗎?
(对, 那么你们韩国人也使用汉字, 所以学中文很容易吗?)

B: 꼭 그렇지는 않아요. 왜냐하면 한국인들은 체면을 중시하기 때문에 입을 열길 싫어하고 또 말을 잘 못할까 두려워하죠. (That's not necessarily the case.)

那也不見得。 因爲韓國人都愛面子, 所以他們不愛開口, 怕說錯。
(那也不见得。 因爲韩国人都爱面子, 所以他们不爱开口, 怕说错。)

A: 선생님 말씀이 맞는 것 같아요. 어떤 학생들은 부끄럼이 많아 입을 잘 열려고 하질 않는 것 같아요. (I think you're right. Some students are so shy that they don't try to open their mouths well.)

您說得沒錯。 有些學生很害羞, 不肯說話。

(您说得没错。 有些学生很害羞, 不肯说话。)

B: 만약 입을 열어 말을 하려고 하지 않는다면 외국어는 절대
향상되지 않을 것입니다. (If you don't try to speak, your
foreign language will never improve.)
如果你不肯開口說話, 你的外文絕對不會有進步。
(如果你不肯开口说话, 你的外文绝对不会有进步。)

A: 알겠습니다. 선생님, 감사합니다. (I see Mr. Choi. Thank you.)
我知道了。 謝謝老師! (我知道了. 谢谢老师!)

B: 마리아나 씨의 한국어 실력이 빨리 진보하길 희망합니다. 또
봬요! (I hope Mariana's Korean language ability will progress
quickly.)
希望馬裏亞納的韓文能力會進步得很快。 再見!
(希望马里亚纳的韩文能力会进步得很快。 再见!)

한국어 구문 익히기(Learn Korean phrases)

1. 당신(선생님)의 말씀은 ~라는 말씀이시죠? (You mean ~,
right? or Are you saying ~ ? / 您的意思是~, 是嗎(吧)?)
ex) 당신의 말씀은 그가 잘못했다는 말씀이시죠? (Are you saying
he was wrong? / 您的意思是他做得不好, 是嗎?)

2. ~는(와) ~와(는) 같지 않다. (~ is not like ~ / ~跟~不一樣)

ex) 나는 그와 같지 않다. (I am not like him. / 我跟他不一樣。)

3. 꼭 그렇지는 않아요. (That's not necessarily the case. / 那也不
   見得。)
ex) 당신은 매일 집에서 식사하나요? - 꼭 그렇지는 않아요. (Do
   you eat at home every day? - Not always. / 你每天在家吃飯
   嗎? - 不一定。)

4. 비록 ~이지만 (though ~ but / 雖然~, 但是~)
ex) 그는 비록 가난하지만 매우 행복합니다. (Though he is poor
   but very happy. / 他雖然很窮, 但是很幸福。)

5. 만약 ~이라면(if, 如果~ 的話)
ex) 만약 그가 가지 않는다면 나도 안 갈 것입니다. (If he doesn't
   go, I won't go either. / 如果他不去的話, 我也不去.)

연습 문제(pattern practice)

   1. '당신의 말씀은 ~'을 사용해 말해보기. (Speak using '당
      신의 말씀은 ~')

   2. '~는(와) ~와(는) 같지 않다.'를 사용해 말해보기. (Speak
      using '~는(와) ~와(는) 같지 않다')

   3. '꼭 그렇지는 않아요.'를 사용해 서로 묻고 답하기. (Ask

and answer using '꼭 그렇지는 않아요.')

4. '비록 ~이지만'을 사용해 말해보기. (Speak using '비록 ~이지만')

5. '만약 ~이라면'을 사용해 말해보기. (Speak using '만약 ~이라면')

제10과

이번 겨울방학에 무엇을 할 계획입니까?

What are you planning to do this winter vacation?

這寒假你打算做什麼?

A(이민호): 이번 겨울방학에 무엇을 할 계획이죠? (What are you
planning for this winter vacation?)
這寒假你打算做什麼? (这寒假你打算做什么?)

B(김미영): 이번 겨울방학엔 해외여행을 갈 계획이에요. (I plan to
travel abroad this winter vacation.)
這寒假我打算去海外旅遊。 (这寒假我打算去海外旅游。)

A: 어디에 갈 계획이죠? (Where do you plan to go?)
你打算去哪兒呢? (你打算去哪儿呢?)

B: 이번엔 제가 전에 가지 않은 곳으로 가고 싶어요. (This time I
want to go where I've never been before.)
這次我想去我以前沒去過的地方。
(这次我想去我以前没去过的地方。)

A: (나는 당신이) 여행을 좋아하는 걸 알고 있어요. 이번에는 아시아로 여행할 생각이에요, 아니면 유럽으로 갈 작정이에요? (I know you like to travel. Are you going to travel to Asia or Europe this time?)

我知道你愛好旅遊, 這次你想去亞洲呢, 還是想去歐洲呢?

(我知道你爱好旅游, 这次你想去亚洲呢, 还是想去欧洲呢?)

B: 이번엔 남부 유럽에 가고 싶어요. 저는 여태껏 남유럽에 간 적이 없어요. (This time I want to go to southern Europe. I have never been to Southern Europe.)

我這次想去南歐。　我從來沒去過南歐。

(我这次想去南欧。　我从来没去过南欧。)

A: 전에 남유럽에 안 갔었나요? 남유럽 어느 나라에 가고 싶어요? (Didn't you go to Southern Europe before? Which country in Southern Europe do you want to go to?)

你以前沒去過南歐嗎? 你想去南歐什麼國家?

(你以前没去过南欧吗? 你想去南欧什么国家?)

B: 저는 (일찍이) 많은 나라에 간 적이 있지만 남유럽만 못 갔어요. (I have been to many countries before, but I haven't been to Southern Europe.)

我曾經去過很多國家, 就是沒去過南歐國家。

(我曾经去过很多国家, 就是没去过南欧国家。)

A: 남유럽 국가라면 이탈리아, 스페인, 그리스 등의 나라가 포함되는데, 특별히 가고 싶은 나라가 있나요? (Southern European coun

tries include Italy, Spain and Greece. Do you have any parti
cular country you want to go to?)

南歐國家包括意大利, 西班牙, 希臘等國, 你特別想去什麼國家?

(南欧国家包括意大利, 西班牙, 希腊等国, 你特别想去什么国家?)

B: 저는 오래 전부터 이탈리아의 로마를 여행하고 싶었어요. (I have
been wanting to travel to Rome in Italy for a long time.)

我好久以前就想去意大利的羅馬。

(我好久以前就想去意大利的罗马。)

A: 이탈리아는 유럽의 가장 오래된 문화 국가 중 하나이고, 로마는
일찍이 세계의 중심이었죠. 응당 가봐야지요. 이탈리아 외에 또
어느 나라에 가고 싶어요? (Italy was one of the oldest cultural
countries in Europe, and Rome was the center of the world.
You should travel. What country do you want to go to besides
Italy?)

意大利是歐洲文化古國, 羅馬曾經是世界的中心, 應該去看看。 除
了意大利以外, 你還想去看什麼國家? (意大利是欧洲文化古国, 罗
马曾经是世界的中心, 应该去看看。 除了意大利以外, 你还想去看
什么国家?)

B: 이탈리아 외에도 스페인과 그리스에 특히 가고 싶어요. (In addi
tion to Italy, I especially want to go to Spain and Greece.)

除了意大利之外, 我還想去看西班牙和希臘。

(除了意大利之外, 我还想去看西班牙和希腊。)

A: 사실, 겨울에는 남유럽에 가는 게 맞아요. (In fact, it's right to go to southern Europe in winter.)

其實, 冬天去南歐旅遊是對的。 (其实, 冬天去南欧旅游是对的。)

B: 왜죠? (Why?)

爲什麼呢? (为什么呢?)

A: 왜냐하면 북유럽과 동유럽은 겨울에 너무 추워 관광하고 여행하기엔 (그리) 적합하지 않아요. (Because northern and eastern Europe is too cold to go sightseeing and travel in winter.)

因爲北歐和東歐的冬天太冷, 不太適合去觀光旅遊。
(因为北欧和东欧的冬天太冷, 不太适合去观光旅游。)

B: 민호 씨 말이 맞아요. 재작년 겨울방학에 체코에 갔었는데 너무 추워 하마터면 얼어 죽을뻔했어요. (Minho, you are right. I went to the Czech Republic for the winter vacation last year and it was so cold that I almost died.)

你說得對。 前年寒假我去捷克的時候, 冷得要命, 差點兒凍死了。
(你说得对。 前年寒假我去捷克的时候, 冷得要命, 差点儿冻死了。)

A: 추운 것 외에도 날이 너무 빨리 어두워져 오후엔 관광할 시간도 별로 없어요. (In addition to the cold, the days get dark so quickly that there is not much time to see the sights in the afternoon.)

除了冷以外, 天黑得太早, 下午沒有什麼時間去觀光。

(除了冷以外，天黑得太早，下午没有什么时间去观光。)

B: 맞아요. 그런데 이탈리아에 올해 대지진이 발생해 좀 걱정이에요.
(Right. But I'm a little worried about the earthquake in Italy this year.)
你說得沒錯。 不過意大利今年發生過大地震。 有點擔心。
(你说得没错。 不过意大利今年发生过大地震. 有点担心。)

A: 걱정할 필요 없어요. 지진이 그리 쉽게 발생하는 것이 아니에요.
(No need to worry. Earthquakes don't happen so easily.)
你不用擔心。 地震不是那麽容易發生的。
(你不用担心。 地震不是那么容易发生的。)

B: 맞아요, 인명은 재천이니까요. (You are right. Life and death are providential.)
對, 人命在天嘛。 (对, 人命在天嘛。)

$$\boxed{\text{한국어 구문 익히기(Learn Korean phrases)}}$$

1. 무엇을 할 계획입니까? (What are you planning to ~ / 打算做什麼?)
ex) 당신은 이번 겨울에 무엇을 할 계획입니까? (What are you planning to do this winter? / 這個冬天你打算做什麼?)

2. 여태껏 ~한 적이 없다. (have never p·p / 從來沒~過)

ex) 그는 여태껏 한국에 간 적이 없다. (He has never been to Korea. / 他從來沒去過韓國。 (他從未去過韓國。))

3. ~하기에 (그리) 적합하지 않다. (Not suitable for~ / 不太适合~)

ex) 집에서 운동하기에는 그리 적합하지 않아요. (Not very suitable for exercising at home. / 不太適合在家運動。)

4. 하마터면 ~할 뻔하다. (almost~ / 差點兒~)

ex) 나는 하마터면 지각할 뻔하였다. (I was almost late. / 我差點兒遲到了。)

5. 특별히 ~하고 싶은 (especially want to~ / 特別想~的)

ex) 특별히 먹고 싶은 음식이 있나요?(Is there anything special you want to eat? (Do you have any special food you want to eat?) / 你有什麼特別想吃的食物嗎?)

연습 문제(pattern practice)

1. '무엇을 할 계획입니까?'를 사용해 물어보고 답하기. (Ask and Speak using '무엇을 할 계획입니까?')

2. '여태껏 ~한 적이 없다'를 사용해 말해보기. (Speak using '여태껏 ~한 적이 없다')

3. '~하기에 (그리) 적합하지 않다'를 사용해 말하기. (Speak

using '~하기에 (그리) 적합하지 않다')

4. '하마터면 ~할 뻔하다'를 사용해 말해보기. (Speak using '하마
터면 ~할 뻔하다')

한국어 · 중국어
관용표현

Korean · Chinese idiomatic
expressions

韩国语 · 中国语惯用表现

비교 · 선택 등에 관한 표현

Expressions regarding comparison and selection

1. 가장 긴급한 일은 ~이다 ：最迫切的事是~ ~ ：The most urgent thing is ~

2. 단지 ~하는 수밖에 없다. ：只好~ ~ ：There is nothing but to~

3. 꼭 그런 것만은 아니다. ：未必 (혹은) 不一定 ：Not necessarily~

4. A같지도 않고 B같지도 않다. (혹은) A도 아니고 B도 아니다. ： A不像A, B不像B (혹은) A不是A, B不是B ：Neither A nor B.

5. 거의 ~와 마찬가지다. ：简直[算]是~ ：be almost equal to

6. 적게는 ~이고, 많게는 ~이다. ：少则~ 多则~ ：At least~, As many as ~

7. ~하느니 차라리 ~하는 것이 낫다. ：与其~, 不如~ ：It is better to do than to do

8. ~는 좋은데 다만 ~하다. ：~好, 就是~ ：~is good, but only

9. ~를 해야 할지 안 해야 할지 ：该不该 ：~ whether to do or not

10. ~할 수 있으면 ~하고, ~할 수 없으면 ~하다. ：能~ 就~, 不能~, 就~ ：If you can~, ~ If you can

11. ~하는 편이 오히려 깨끗하다(낫다). ：~ 了倒乾净 ：It is rather~

(혹은) It's better to do something.

12. A보다 더 ~를 B하게 하는 것은 없다. ː 没有比A更让~ ː B Nothing makes B more than A (혹은) There is nothing more B than A.

13. 차라리 ~할지언정 ~하지는 않겠다. ː 宁可(宁愿)~, 也不~ ː I'd rather not~

14. 유일하게 할 수 있는 ː 唯一能够~ ː The only thing ~ can do

15. 다른 선택의 여지가 없다. ː 没有别的选择 ː There is no other choice

16. ~해도 무방하다. ː 不妨~ ː ~may, It is safe to

17. 바꾸어 말하자면 (혹은) 다시 말해서 ː 换言之 ː In other words

18. 한편으로는 ~하면서 또 한편으로는 ~하다. ː 一边~一边 ː on the one hand ~and on the other hand ~

19. ~와 ~는 별개의 것이다. ː ~是一回事, ~是另一回事~ ː is separate from~, It is one thing and another.

20. 더할 나위 없이 ~하다. ː 再~ 不过了 ː No doubt~, couldn't be~

21. 마음은 있어도 능력이 없다. ː 心有馀而力不足(=力不从心) ː Mind but not power~, have the heart but no ability

22. ~하는 것은 좋은 일이다. ː ~是好事 ː It is a good thing to

23. 우연히 얻어지는 것이지 억지로 구해지는 것이 아니다. : 可遇而
    不可求 : It is obtained by chance, not by force.

24. ~할 방도가 없다. : 无法~ : Have no wayof doing

25. 만약 저였다면 : 要是我的话 : If I were you~

26. 그 누구보다도 ~하다. : 比谁都~ : Do more than anyone else

27. ~와는 상관이 없다. : 于~ 不相干 : have nothing to do with~

28. 말은 그럴듯 하지만 : 话是不错, 不过~ : It makes sense but~

29. 하마터면~ 할 뻔하다. : 差一点~ 了 : almost~

30. ~하고도 또 ~한 : 既(又)~ 又~ : also~

31. 결국 ~하는 셈이다. : 总算~ : In the end

32. ~와 동일하다. : 等于~ (혹은) 相当于~ : Same as

33. 겉으로는 ~하나 속으로는 ~한다. : 表面上~, 骨子裏~ : on the
    outside but ~ on the inside

34. 결론적으로 말하자면 : 总的来说 (혹은) 总而言之 (혹은) 总之 :
    In conclusion

35. ~에 달려있다. : 看~ : depend on ~

36. ~ 일줄 알았다면 나는 ~하지 않았을 텐데 : 早知道~
    我才不会~ : If ~ knew ~, would not ~

37. 그렇지 않으면 : 要不 (혹은) 要不然 : otherwise

38. 다행히 ~이니 망정이지, 그렇지 않으면 : 幸亏~ 要不然 : Luckily, ~, otherwise

39. ~는 그렇다 치더라도 그래도~ : ~倒也罢了, 可是~ : Though, but ~, Even so.

40. 결정을 내리다. : 出主意 : decide, make a decision

41. 본래의 의도는 ~에 있다. : 醉翁之意在于~ : The original intention is at ~, one's original intention is to

42. 당신과 무관합니다. : 不干你的事 : have nothing to do with you (혹은) It's none of your business.

43. 아마도 ~와 꼭 같다. : 好像正像~ : Probably the same as ~

44. ~의 자리를 대신하다. : 取代~ 的位置 : Take the place of ~

45. 아마도 ~인 듯하다. : 好像~ 似的 : It seems like that ~

46. 마치 ~인 듯하다. : 彷佛~ : Feel like ~

47. ~와 같은 : ~般的 : like to ~

의지 · 당연 · 희망 등에 관한 표현
Expressions about will, due and hope

48. 여하튼간에 ⋮ 不管怎麼样 ⋮ Anyway

49. 아무리 ~하여도 (혹은) 아무리~하든간에 ⋮ 任凭~ ⋮ However much

50. 아무도 ~할 수 없다. ⋮ 没有一个人能~ ⋮ Nobody can ~

51. 반드시 ~해야 한다. ⋮ 一定要~ ⋮ must

52. 결코 ~이 아니다. ⋮ 并不是~ ⋮ Never

53. ~하지 않으면 어때요! ⋮ 不~ 也罢! ⋮ What if ~don't!

54. 본래 가지고 있는 (혹은) 응당 있어야 할 ⋮ 应有的 ⋮ Inherent

55. 기어코 ~하고 말겠다. ⋮ 非~ 不可 ⋮ must

56. ~이 없어서는 안 된다. ⋮ 不能没有~ ⋮ Must be without

57. 억지로 떼를 쓰다. ⋮ 无理取闹 ⋮ ask for the impossible

58. 비록 ~하더라도 ⋮ 就算~ ⋮ Although

59. 비록 ~하더라도 여전히 ~하다. ⋮ 就算~ 还~ ⋮ Although~

60. 설령 ~한다 할지라도 그래도 ~하다. ⋮ 纵然~, 也~ ⋮ Although~

61. 오로지[단지] ~한다면 ⋮ 只要~ ⋮ as long as

62. 단지 ~만 하면 충분히 ~하다. : 只要~ 就~ : as long as

63. 자나깨나 바라는 : 梦寐以求的 : dreamt of

64. 억지로 ~하다. : 硬~ : Force

65. ~하여 죽을 지경이다. : ~死了 : very ~

66. ~하느라 침이 다 마르다. : ~得口水都乾了 : One's saliva dries up

67. ~에게 반발하다. : 和~ 作对 : Resist against

68. 아무리 ~하더라도 절대 ~해서는 안 된다. : 再大~也絶不应该~ : No matter how much~, ~must not

69. 무슨 일에서 손을 씻다. : 洗手不干 : don't do anymore

70. ~를 위해 할 도리를 다하다. : 为~仁致义尽 : Do everything for

71. ~하고 싶은 대로 ~하다. : 爱~ 就~ : Do as desired

72. 매우 ~하고 싶다. : 恨不得(=很想) : really want to ~

73. ~의 위신을 위해 힘을 다하다. : 为~ 争 一口气 : Work hard for the dignity of

74. ~의 마음을 단념하다. : 死了~的心 : give up

75. ~를 억지로 강요하다. : 勉强~ : Force

76. 다만 ~를 바랄 뿐이다. : 但愿~ : just want

77. 사람마다 책임이 있다. : 人人有责 : Everyone has a responsi

bility

78. ~하고자 하는 마음이 절실하다. : ~ 心切 : Desperately wants to

79. 이를 악물고 ~하다. : 咬紧牙关~ : grin and bear

80. 현재 ~하는 것이 가장 요긴하다. : 眼前~ 最要紧 : At the moment the most important thing is to~

81. ~하려고 아예 작정을 하다. : 存心(=居心)要~ : Make a decision to

82. 기어코[한사코] ~하다. : 偏要~ : must

83. ~하길 매우 바라다. : 巴不得~ : look forward to

84. 모두 다 ~하다. : ~遍了 : do every ~

85. ~을 개의치 않다. (혹은) ~을 대수롭지 않게 여기다. : 不把~ 当一回事 : Take little care of

86. 절대 ~해서는 안 된다. : 千万不可~ : must not, never

87. 만약 ~한다면 얼마나 좋을까! : 如果~, 那该有多好! : How good would it be if ~!

88. ~하지 않도록 : 免得~ (혹은) 省得~ : so that not to~

89. 꼭 ~하지 않으면 안 된다. : 非得~ 不可 : must

90. ~하기조차 싫다. : 懒得~ : don't even want to

91. 몹시 ~하다. : ~得慌 : Terribly

92. 무슨 방법을 써서라도 ~하려고 하다. ： 想方设法~ ： In any way

93. ~해야 할 때는 ~하다. ： 该~的就~ ： time to do

94. 누구에게 본때를 보여주다. ： 给~ 颜色看 ： show someone a thing or two

95. 누구의 살길을 끊어버리다. ： 断~ 的生路 ： cut a person's bread, Cut off one's way of life

96. 용기를 내다. 얼굴에 철판을 깔다. ： 鼓着勇气, 厚着脸皮 ： Take courage

97. ~함으로써 ~하지 않도록 해야 한다. ： ~以免~ ： Must not ~ by~

98. ~하지 않을 생각은 말라. ： 别想不~ ： Do not think

99. 모든 전력을 다 쏟다. ： 使出浑身劫数 ： Put all the power in

100. 누가 감히 아니라고 말하겠는가? ： 谁能说个不字? ： Who dares say no?

101. ~할 자격이 없다. ： 不配~ ： not deserve

102. 단지 ~라고 여길 따름이다. ： 只当~ ： only think

103. 조금도 ~하지 않고 ： 毫不~ 的 ： Without any

104. ~의 방향을 향해가다. ： 朝~ 方向走 ： Go in the direction of

성격 · 신상 · 습관 · 관념 등에 관한 표현
Expressions about personality, habits, ideas, etc.

105. 약고 닳아 빠진 사람 : 势利现实 : A file and worn person

106. 열이 나다. 기절하다. : 发烧. 昏倒 : have a fever. faint

107. 이리저리 떠돌아다니다. : 四处流浪 : Wander about

108. 꿍꿍이속이 있다. : 心裏有鬼 : Have a deceit

109. 잘난 체하며 뽐내다. : 骄傲自大 : boast

110. ~를 무시하지 않다. : 正眼看~ : Do not ignore

111. 행동이 의심스러운 : 行蹟可疑 : Suspicious of action

112. 말조심하다. : 说话要小心 : Be careful of speaking

113. 단도직입적이다. : 直接了当 : It is straightforward.

114. 마음속으로 : 从心裏 : In mind

115. 차일피일 미루다. : 一拖再拖 : Postpone, put off day after day

116. 요란하게 허세를 부리다. : 铺张 : show off

117. 안하무인격이다. : 不把别人放在眼裏 : be audacious

118. 마음속으로다알다. ; 心裏都知道 : Know everything in the heart

119. 복이나가다. ː 折福 ː lose one's luck

120. ~복이있다. ː 有~ 福 ː be blessed

121. 자질구레한 일 ː 鷄毛蒜皮的事 ː a trifling matter

122. 몸보신하다. ː 补身子 ː strengthen oneself with a tonic

123. ~의 똥오줌을 받다. ː 替~ 端屎端尿 ː serve one's feces and urine

124. 마음이 편하다. ː 自在 ː relaxed

125. 화가 난 나머지 ː 一气之下 ː in a fit of anger

126. 술주정하다. ː 发酒疯 ː play drunken frenzy

127. ~의 사실이 부끄럽지 않다. ː 不愧是~ ː Not be ashamed of the fact

128. 발 붙일 곳 ː 落脚的地方 ː place in

129. 마음속의 응어리 ː 心裏的疙瘩 ː inner curls

130. 엄두도 못 내다. ː 想都别想 ː Have no sense

131. 꿈에도 생각 못하다. ː 作梦也没想到 ː Never dream

132. 너무 깊이 복잡하게 생각하다. ː 想得太多 ː Think too deeply

133. 일을 대충 처리하다. ː 大而化之 ː Handle roughly

134. 고정관념이 깊다. ː 成见很深 ː Have a deep stereotype

135. 스스로 고통을 가하다. : 折磨自己 : Suffer for oneself

136. 스스로 자신을 천하게 만들다. : 作贱自己 : Embarrass oneself

137. 지난 일은 잊어버리다. : 过去的事情就让它过去 : Forget the past

138. 속으로 죄책감을 갖다. : 心裏内灰 : Feel guilty

139. 적당히 얼버무리다. : 敷衍 (혹은) 随随便便应附 : muddle about

140. 감언이설을 하다. : 说好话 : sweet talk, sweeten

141. 해서는 안 될 말을 하다. : 说不应该说的话 : Say something not to say

142. 힘이 없어 보이다. : 显得无精打彩 : Look weak

143. 마음에 들다. : 看上~ : Like

144. 적당히 하다. : 点到为止 : Moderate

145. 넋을 잃다. : 发呆 : Fascinated

146. 정신을 못 차리다. : 执迷不悟 : Be unconscious

147. 사람이 목석이 아닌 이상~ : 人非草木~ : Unless a person is wood

148. 좋은 쪽으로 생각하다. : 往好处想 : Think good

149. ~의 몸으로서 : 身为~ : as a ~

150. 가슴 가득 찬~ ： 一肚子的~ ： Heart- filled

151. 식언하다. ： 食言 ： break [take back] one's promise

152. 철이 없어 어린애 같다. ： 孩子气 ： be childish as a child.

153. 쓸모없는 사람 ： 窝囊 ： A useless person

154. 엉뚱한 생각을 품다. ： 想不开 ： Have a wrong idea

155. 누구와의 원한을 잊다. ： 不记~ 的仇 ： Forget a grudge with someone

156. 누구의 머리 꼭대기에 오르다. ： 到~ 的头上来 ： get to the top of sb.'s head

157. 눈에 보이는 것이 없다. ： 眼裏有什麼人? ： behave superciliously

158. ~에게 두손 들다. ： 服了~ ： yield, give up

159. 서로 싸우다. ： 鬪來鬪去 ： Fight each other

160. ~하는 셈 치다. ： 就算是~ ： assume that

161. 말도 안 되다. (혹은) 영문을 모르다. ： 莫明其妙 ： Make no sense

162. 얼버무리다. ： 含煳 ： speak vaguely

163. 내 마음속에서는 ： 在我心目中 ： In my heart

164. 누구를 위해 고려하다. ： 替~ 想 ： consider for sb.'s

165. 남의 웃음거리가 되다. ： 被人笑话了 ： be laughed at

166. 누구를 놀리다. ： 拿~ 开玩笑 ： Make fun of

167. 걸핏하면 ~하다. ： 动不动就~ ： be apt[liable, prone] to

168. ~를 위해 걱정하다. ： 替~ 操心 ： worry for

169. 누구를 위해 억울함을 호소하다. ： 替~ 讨回公道 ： Appeal for injustice for someone

170. 몇 푼 때 묻은 돈을 위하여 ： 为了几个臭钱 ： for a few pennies

171. 누구의 사활에도 아랑곳 않다. ： 連~ 的死活都不顾 ： be indifferent to one's life and death

172. 머리 가득히 ~생각밖에 없다. ： 满脑子是~ ： Full of head~ I have only thoughts.

173. 모두가 다 그렇다. ： 多半都是~ ： All are so

174. 일부러 ~인 체하다. ： 装出~ ： to pretend to be ~ on purpose

175. 가장 잘하는[자신있는] ： 最拿手的 ： best of all

시제 · 경험 · 회한 등에 관한 표현
Expression about tense, experience, regret

176. 지금이 어느 때인데 : 都什麼时候了 : When are you ~ now?

177. 결국에는 : 到头来 : Eventually

178. 필경 (혹은) 여하튼 : 毕竟 : anyway

179. 일시적인 : 一时 : temporary

180. ~가 다시 환생하다. : ~ 的转世 : be reincarnated, Reincarnate again

181. 늦어도 : 最迟 : at the latest

182. 누구를 오래 기다리게 하다. : 让~ 久等 : keep a person waiting long

183. 때를 맞추어 : 正是时候 : be on time

184. 임종할 시에 : 临终的时候 : at one's last gasp

185. ~하자마자 바로 ~하다. : 一~ 就~ : do as soon as

186. 금방 ~하였는데 바로 ~하다. : 才~, 就~ : do it right away.

187. 지금에야 비로소 : (现在) 才~ : at this very moment

188. 곧 ~할 것이다. : 快要~了 : Soon~ will.

189. 여지껏 ~한 적이 없다. : 从来没有~ : Never before.

190. 태어난 이래로 처음으로 : 有生以来第一次 : For the first time since birth

191. 맨 마지막으로 : 最后一次 : last but not least, At the end

192. 무슨 일에나 처음이 있다. : 凡事都有第一次 : There is a first time for anything.

193. 우선 결론부터 말하다. : 先把话说在前头 : Start with a conclusion

194. 시간이 흐르면 자연히 ~하게 되다. : 时间久了, 自然就会 : ~ As time passes, it naturally comes into being.

195. 일찍 (혹은) 미리 : 提早 (혹은) 提前 : in advance

196. 지금부터 : 从今而后 : from now on

197. ~할 때까지를 기다렸다가 : 等到~时候 : Wait until

198. 벌써 ~해야 했었는데 : 早该~才是 : should have already

199. 누구를 탓하다. : 怪罪~ : blame~

200. 누구의 탓으로 돌리다. : 推在~的头上 : put to a person's fault

201. 이럴 줄 알았다면 애초에 그러하지 않았을 텐데 : 早知如此, 何必当初 : If I knew it, I wouldn't have done it in the first place.

202. 모두 저 때문입니다. ：都是我 ：It's all because of me

203. ~ 할 것은 모두 다 ~해보다. ：该~的都~过 ：Try everything

204. 세상물정을 두루 겪다. ：见过世面 ：Go through the world

205. 당신이 없었더라면(=아니었으면) ：要是没有你 ：If it hadn't been for you,

206. 당신이 그 언제라도 나를 필요로 하면 ：你什麽时候需要我 ：If you need me anytime

207. ~하지 않았더라면 ：要不是~ ：If not, had it not

사태 · 상황 등에 관한 표현

Expression about situation

208. ~의 아이를 임신하다. ： 怀了~的孩子 ： Conceive a child of

209. ~에게서 유전되다. ： 遗传到~ ： Inherited from

210. ~하면 할수록 ~하다. ： 越~ 越~ ： the more~, the more~

211. 불상사가 생기다. ： 有叁长两短 ： have a mishap

212. 병이 차도가 있다. ： 病好些了 ： be on the mend

213. ~에게 잘못이 있다. ： 错在~ ： be at fault with, have a fault with

214. 사적으로 (혹은) 개인적으로 ： 私下 ： Personally

215. 복권에 당첨되다. ： 中奖券 Win the lottery

216. 헛수고하다. ： 白费劲儿 ： Work in vain

217. 데모를 일으키다. ： 发动示威 ： stage a demonstration

218. 가문이 몰락하다. ; 家道中落 ： one's family is ruined

219. ~이 부족하다. ： 不够~ ： Lack of

220. ~가 지나치다. ： ~ 过了头 ： go too far with

221. 한쪽으로 제쳐두다. ： 搁 ： Set aside

222. ~으로 드러나다. ： 显出~ ： turn out

223. ~함에 따라 ： 随着~ ： as per

224. 울음을 멈추지 않다. ： 哭个不停 ： don't stop crying

225. 상황을 보며 대처하다. ： 见一步, 走一步 ： Cope with a situation

226. 아무리 말해도 못 알아듣다. ： 怎麽说也不明 ： cannot understand ~no matter how much ~ say.

227. 정말 묘하다. ： 眞巧 ： Really strange, really weird.

228. 반응이 없다. ： 没回音 ： shows no response

229. ~의 치마 아래에 무너지다. ： 拜倒在~ 的裙下 ： fall under the skirt of

230. 누구의 말대로 하다. ： 照~的话去做 ： Do as someone says

231. ~이 뒤따르다. ： 伴随着~ ： be followed by

232. 큰코다치다. ： 吃不完兜着走 ： pay dearly

233. 기왕 ~하는 마당에 ： 旣然~ ： at a time when

234. 위험수위를 벗어나다. ： 脱离了险境 ： Get out of danger

235. 큰일나다. ： 怎麽得了 ： get into trouble

236. 생기가 없다. ： 没精神 ： Lifeless, look glassy

237. 바람을 쐬다. ： 透气 ： some air.

238. 스스로 제발로 찾아들다. ： 自己撞到人家门口上来 ： Visit by oneself

239. 어떻게 되겠죠, 뭘! ： 该怎麼样就怎麼样 ： What's going to ha ppen? (혹은) I'll figure it out.

240. ~인 지경인데도 여전히 ~하다. ： 都要~, 还~ ： Even though ~ still

241. 마침 ~하는 중이다. ： 正在~ ： bejust doing~

242. 확실히 ~하다. ： 的确是~ ： make sure (of something/that…), Definitely

243. 두 눈을 뜬 채 ： 眼巴巴的 (혹은) 眼睁睁的 ： with one eye open

244. 스스로 ~를 자초하다. ： 自找~ ： self- inflicted, bring to oneself

245. 과도하게 ~을 하다. ： ~ 过度 ： Overdo

246. ~에 관계 되다. ： 关係到~ ： Be concerned with

247. ~을 감안하여 ： 看~ 的份上 ： In view of

248. 고생하다. ： 受累 ： Is suffering

249. ~을 고려하여 ： 基于~ 的考虑(之下) ： In view of

250. 작용을 끼치다. ： 起了~ 作用 ： an influence (on/over), have an effect (on)

251. ~의 구석이라곤 조금도 없다. ：哪裏还有一点~的样子! ：there is not a vestige

252. 자그마치 ：整整 no less than

253. 평상시대로 ：照样 ：As usual

254. 무슨 영문인지 ：不知怎麼了 ：for some unknown reason

대인 관계나 접대적 표현
Interpersonal or entertaining expressions

255. 실례지만 먼저 일어나겠습니다. ： 先走了 (혹은) 失陪了 ： Excuse me, but I'll leave first.

256. 충심으로 ： 由衷的 (혹은) 衷心 ： from the bottom of one´s heart

257. 그런데 저는요 ： 而我呢 (혹은) 至于我呢 ： But for me.

258. 사정얘기하다. ： 说情 ： tell one's story, ask for

259. 누구에게 잘 대해주다. ： 对~ 不薄 ： Treat well

260. 누구에게 진심으로 대하다. ： 对~ 眞心眞意 ： Treat someone sincerely

261. 당신 덕분입니다. ： 多亏了你 ： it is thanks to you

262. 당신 말을 듣고보니 ： 听了你的话 ： Now that you mention it,

263. 괜찮으시다면 ： 如果方便的话 ： If you're okay

264. ~를 모시다. ： 请~ 来 ： take sb to (in)to sth,

265. 모두 제게 맡기세요. ： 一切有我 ： Leave it all to me

266. ~에게 지도를 구하다. ： 向~ 讨教 ： seek guidance from

267. 누구와아직할말이있다. ： 和~ 还有话说 ： still have something

to talk to

268. 관상쟁이가 말하길 ： 算命的说 ： The ornamental man said

269. 무슨 띠입니까? ： 属什麼? ： What's your zodiac sign?

270. ~에게 누를 끼치다. ： 连累~ [cause] trouble to someone

271. ~도 연루가 되다. ： ~也受牵連 ： Become involved

272. ~와헤어지다. ： 算了, 吹了, 分手, 分开 ： Break up with

273. 할 말이 있다. ： 有些话要说 ： have something to say

274. 누구를 데리고 가서 ~를 보여주다. ： 带~ 去看 ： Take someone and show

275. ~에게 맡기다. ： 包在~ 的身上 (혹은) 交给~ 包办 ： Leave to

276. 누구와 함께 ~날을 보내다. ： 与~ 共渡~ ： Spend ~ with someone

277. 당신을 두고 말하다. ： 我说的是你 ： talk about you

278. ~에게 인상을 찌푸리다. ： 给~ 脸色看 ： make a wry face at

279. 할 말이 있으면 천천히 말하세요! ： 有话漫漫说! ： If you have something to say, speak slowly

280. 말을 터놓고 하다. ： 说白 ： speak frankly

281. 사실대로 말해 ： 说实在话 ： Tell the truth

282. 모두 ~덕분이다. ： 全靠~ ： All thanks to

283. ~의 요구를 만족시키다. ： 满足~ 的要求 ： Satisfy the demand of

284. ~의 요청에 응하여 ： 应~ 的邀请 ： At the request of

285. ~에게 부탁하다. ： 託付给~ ： Ask for

286. 우리 사이에 그런 말을 하다니요! ： 你跟我还说这些吗? ： Saying that between us!

287. 정말 수단이 좋군요 ： 眞有兩下子 ： You really have a good ability.

288. 원 별 말씀을요! ： 看你说的! ： Don't mention it!

289. 당신 마음 다 알아요! ： 你的心事我都知道! ： know your heart!

290. ~에게 폐를 끼치다. ： 给~ 带来麻烦 ： Cause trouble to

291. 당신의 말에 따르면 ： 照你这麼说 ： According to you

Solicitation, order, or ironic expression

292. 무슨 말을 하는 거요! : 说到哪裏去了! : What are you talking about?

293. ~할만한 것이 어디 있겠어요? : 还有什麽可~ ? : Where can I do?

294. ~해보지 그래요! : 何不~ ! : Why don't you~?

295. 꿈 깨시오! : 别作梦! : Don't daydream

296. 어서~ 하지 않고 뭘 해! : 还不~ ! : Why don't you~immediatly?

297. 좀 그만 말해! : 少说兩句! : Stop it!

298. 한번 시험해보세요! : 试一试! : Give it a try!

299. ~이 아니겠는가? : 不就~ ~ 吗? : Wouldn't it be~?

300. ~하는 것 좋아하네! : ~ 个头! : You like to do~!

301. 뭐 그리 대단해! : 有什麽了不起! : What's so great about that?

302. 당신도 생각을 좀 해보세요! : 你不想一想! : Think about it, too!

303. ~할 마음이 어디 있겠어요? : 哪有心思去~ ? : What's your heart to do?

304. 제가 무슨 잘못을 했어요? : 我什麽地方得罪你? : Did I do something wrong?

보어용법적 표현
complement usage expression

305. 많이 벌지도 못하면서 많이 쓰다. : 赚得不多, 花得不少 : Spend a lot without earning much

306. 용납하지 못하다. : 容不得 : Cannot tolerate

307. 아무도 못 말리다. : 谁也说不动 : nobody can stop

308. 공부가 머리에 들어오지 않다. : 读不进书 : be absent from one's mind

309. 사람을 잘못보다. : 看错人 : got the wrong person.

310. 마음을 차분히 가라앉히다. : 静下心 : calm[compose] oneself

311. 그럭저럭 괜찮다. : 还说得过去 : It's all right.

312. 남부끄러운 일 : 见不得人的事 : disgrace

313. 땅에 온통 엎지르다. : 洒得满地都是 : Spill all over the ground

314. 훌륭히 잘하다. : 搞得有声有色 : Do well

315. 보고 알아서 처리하다. : 看着办 : see and take care of

316. 조금만 참다. : 撑着点 : Bear a little

317. ~의 기회를 이용하여 : 趁着~ : Take advantage of

318. ~을 근거로 : 凭着 : Based on

319. 해를 입혀 죽이다. : 害死 : Injure and kill

320. ~를 건드리지 못하다. : 得罪不起~ : can't bother

321. 울음을 멈추지 않다. : 哭个不停 : do not stop crying

322. 늙어 죽지도 않는 : 老不死 : not to die

323. 짊어질 수 있다. : 顶得住 : can carry

324. 깨닫게 되다. : 想通了 : Come to realize

325. 만나게 되다. : 遇到 : Meet

326. 알아차리다. : 看准 : Notice

327. ~이 아닐 수 없다. : 免不了 : cannot be more than

328. 차마 ~하지 못하다. : 舍不得~ : can't do

329, 속으로 억지로 누르다. : 憋住 : force into

330. 만회하지 못하다. : 挽回不了 : Fail to retrieve

331. ~할 만한 : 值得~ : worthy of

332. 정신을 진작시키다. : 振作起来 : Boost the mind, boost one's spirits

333. 어쩐지 ~하더라. : 怪不得 : No wonder~

334. 꼭 ~는 아니다. : 不见得 : not necessarily

335. 이미 때가 늦었다. ：来不及 ：It's too late

336. 대단하다. ：了不起 ：Awesome

337. 대단하지 않다. ：算不了什麼 ：Not great

338. 봐줄만 하다. ：说得过去 ：be tolerable

339. ~하여 ~을 망치다. ：~坏了~ ：to spoil something by doing

340. 헤쳐나가다. ：渡过 ：win through[out]

341. 설명할 수가 없다. ：说不来 ：Can't explain

문어체적 표현
literary(written) expression

342. 본론으로 돌아가서 말하자면 : 言归正传(=话说回来) : Back to the point

343. ~으로 ~를 삼다. : 以~ 作为 : make

344. 운명이 다하다. : 气数已尽 : Run out of destiny

345. 제가 보기에는 : 以我看 : To me

346. ~을 맞이할 때마다 : 每逢 : Every time

347. 사실대로 : 如实 : As a matter of fact

348. 어찌할 도리가 없어 : 出于无奈 : could hardly do otherwise

349. 어려움을 알고 물러서다. : 知难而退 : Back off with difficulty

350. 모두가 진실이다. : 句句实言 : All is true

351. 일리가 있다. : 在情理之中 : Make sense

352. 생각건대 반드시 : 想必 : I thinkfor sure

353. 하루하루 악화되다. : 一天不如一天 : Get worse day by day

354. 세태가 갈수록 악화하다. : 世风日下 : the world gets worse day by day

355. 밤새 돌아오지 않다. ： 一夜未归 ： Not return overnight

356. ~의 탓으로 돌리다. ： 归咎于 ： fix the blame on

357. ~의 공으로 돌리다. ： 归功于 ： give credit to

358. 무슨 말부터 해야 할지 (혹은) 어떻게 말을 해야 할지 ： 从何说起 ： How to talk, don't know what to say.

359. 말하자면 이야기가 길어지다. ： 说来话长 ： The story is long

360. ~으로 이름이 나 있다. ： 以~ 见称 ： be famous for

361. ~으로 위주로 삼다. ： 以~ 为主 ： make a focus on

362. ~할 때까지 ： 到~ 为止 ： Until

363. 하늘도 눈이 있어 ： 老天有眼 ： The sky has eyes.

364. 하늘도 무심하시지! ： 上天无眼 ： Even the sky is indifferent

365. 바로 이 순간 ： 此时此刻 ： This moment

366. 예상을 벗어나다. ： 出乎意料之外 ： Exceed expectations

367. ~에서 오다. ： 来自 ： from

368. 도처에 깔려 있다. ： 到处都是 ： Spread everywhere

369. 어찌 ~일 뿐이리오! ： 岂止 ： More than

370. ~가 권한을 지다. ： 由~ 作主 ： Authorized by

371. 어찌 ~하였으리오! ： 何尝 ： how can it be that ~

372. ~가 아는 바에 의하면 : 据~ 所知 : as far as ~ knows

373. 결국 ~에 이르다. : 以至于~ : come to ~ after all

374. 그에 따라서 : 随之 : then

375. 원인을 : 알아보다. : 究其根由 : Find out the cause

376. ~에 힘입어 : 承蒙~ : be granted a favour

377. 끝없이 ~하다. : ~不已 : Endlessly

378. ~을 이길 길이 없다. : 不胜~ : can notcontrol

379. ~을 금할 길이 없다. : 不禁~ : can notcontrol

380. ~을 면할 수 없다. : 不免~ : cannot escape

381. ~인 것이 부끄럽지 않다. : 不愧~ : It is not ashamed to be

382. ~에는 이르지 않았다. : 不至于~ : not reach

383. 자손을 끊다. : 断子絶孙 : Cut off offspring

384. 조금도 아는 바가 없다. : 一窍不通 : don't know anything

385. 자기 나름의 ~가 있다. : 自有~ : There is one's own way.

386. ~로 가는 길 : 通往~ 之路 : Road to

387. 상례에 따르면 : 按照常例 : According to the convention

동사+명사 조합형 표현

Verb+noun combinationexpression

388. 센세이션을 일으키다. (혹은) 물의를 빚다. : 引起 + 轰动 : create[cause] a sensation

389. 기록을 세우다. : 创下 + 记录 : Set a record

390. 영향을 받다. : 受(到) + 影响 : influenced[affected] by

391. 국면을 지키다. : 保持 + 局面 : be on the right track

392. ~의 가능성을 배제하다. : 排除+ ~ 可能Rule out the possibility of

393. 수속을 밟다. : 办理 + 手续 : Go through a procedure

394. 요구[조건]를 제시하다. : 提出+ 要求[条件] : Present a require ment

395. 해를 끼치다. : 造成 + 伤害 : Do harm

396. 사건이 발생하다. : 发生 + 事件 : An incident occurs

397. 곤경에 빠지다. : 陷入 + 困境 : Get into trouble

398. ~현상이 드러나다. : 出现 + ~现象 : A phenomenon appears

399. 의견을 제공하다. : 提供 + 意见 : Provide opinion

400. 회의를 거행하다. : 举行 + 会议 : Hold a meeting

401. 불만[만족]을 표시하다. ： 表示 + 不满[满意] ： express dissatis faction[satisfaction]

402. 요구에 응하다. ： 因应 + 要求 ： Meet the demand

403. 의견을 받아들이다. ： 接受 + 意见 ： Accept opinion

404. 경지에 도달하다. ： 达到 ： + 地步 ： Reach a height

405. 소식을 접수하다. ： 接到 + 消息 ： Receive news

406. ~처지에 이르다. ： 遭到 + ~际遇 ： be in a position to

407. 호평을 얻다. ： 得到 + 好评 ： gain popularity

408. ~의 맛을 보다. ： 嗜到+ ~ 滋味 ： experience[have] a taste (of)

409. 요구[수요]를 만족시키다. ： 满足 + 要求[需要] ： Satisfy demand

410. 성과를 얻다. ： 取得 + 成果 ： Get results

411. 견해를 표하다. ： 表露 + 看法 ： Express an opinion

412. 회의에 참가하다. ： 参加 + 会议 ： Attend a meeting

413. ~를 참관하다. ： 参观 + ~地方 ： visit, observe (in person),

414. 뉴스를 보도하다. ： 报导[报告] + 新闻 ： Report the news

415. 프로그램을 사회[진행]하다. ： 主持 + 节目 ： run off the events

416. ~ 프로그램을 관람하다. ： 收看[观赏] + ~节目 ： Watch a program

417. ~ 프로그램을 청취하다. : 收听 + ~节目 : Listen to a program

418. 인상을 남기다. : 留下 + 印象 : Leave an impression

419. 대가를 지불하다. : 付出 + 代价 : Pay for

420. ~역할을 맡다. : 扮演 + ~角色 : Take on a role

421. ~임무를 맡다. : 担任 + ~任务 : Take on a mission

422. ~작용을 끼치다. : 起[到] + ~作用 : have an effect on

423. 다리를 놓다. (혹은) 교량 역할을 하다. : 搭起 + 桥梁 : build a bridge

424. 조치를 취하다. : 採取 + 措施 : take action

425. ~일에 종사하다. : 从事 + ~行业 : Engage in

426. 요구에 부합하다. : 符合 + 要求 : Meet demand

427. 효율을 높이다. : 提高 + 效率 : Increase efficiency

428. ~ 상처를 무마시키다. : 平抚 + ~创伤 : smooth out the damage

429. 책임을 지다. : 负起 + 责任 : Take responsibility

430. 협의에 도달하다. : 达成 + 协议 : Reach a consultation

431. 부담을 감소시키다. : 减轻 + 负担 : Reduce the burden

432. ~ 냄새로 충만하다. : 充满 + ~味道 : be full of smell

433. ~일을 진행하다. : 进行 + ~工作 : progress task

434. ~기회를 놓치다. : 错过 + ~机会 : Miss an opportunity

435. ~관계를 유지하다. : 维持 + ~关系 : Maintain a relationship

436. 기초를 닦다. : 打好 + 基础 : improve basis

437. 실력을 발휘하다. : 发挥 + 实力 : show one's ability

438. 추세를 보이다. : 显出[呈现] + 趋势 : Show a trend

439. 준비를 하다. : 做好 + 準备 : Prepare

440. 위험에서 벗어나다. : 脱离 + 险境 : escape danger

441. 위기에 직면하다. : 面临 + 危机 : come upon a critical period

442. 행동을 개시하다. : 展开 + 行动 : start action

443. 반응을 보이다. : 做出[表示] + 反应 : react, respond

444. 호의를 져버리다. : 辜负 + 好意 : betray one´s goodwill,

최병규(Byeonggyu, Choi(崔炳圭))

한국외국어대 중국어과 졸업
대만 국립사범대 석박사 졸업
현재 안동대학교 중어중문학과 교수

Professor/ National Andong University(韓國國立安東大學)Department of Chinese
Language and Literature Humanities and Arts College

*Ph.D., Department of Chinese Literature,
  National Taiwan Normal University (國立臺灣師範大學) (Taipei, Taiwan)
*M.A., Department of Chinese Literature,
  National Taiwan Normal University (國立臺灣師範大學)(Taipei, Taiwan)
*B.A., Department of Chinese Language,
  Hankuk University of Foreign Studies (韓國外國語大學校) (Seoul, Korea)

영어로 배우는
한국어와
중국어

초판인쇄 2020년 2월 28일
초판발행 2020년 2월 28일

지은이 최병규
펴낸이 채종준
펴낸곳 한국학술정보(주)
주소 경기도 파주시 회동길 230(문발동)
전화 031) 908-3181(대표)
팩스 031) 908-3189
홈페이지 http://ebook.kstudy.com
전자우편 출판사업부 publish@kstudy.com
등록 제일산-115호(2000. 6. 19)

ISBN 978-89-268-9872-7 13740